SOUVENIRS

D'UN CHANTEUR

IMPRIMERIE CENTRALE DES CHEMINS DE FER. — A. CHAIX ET Cie,
RUE BERGÈRE, 20, A PARIS. — 24282-9.

SOUVENIRS

D'UN

CHANTEUR

PAR

G. DUPREZ

PARIS

CALMANN LÉVY, ÉDITEUR

ANCIENNE MAISON MICHEL LÉVY FRÈRES

RUE AUBER, 3, ET BOULEVARD DES ITALIENS, 15

A LA LIBRAIRIE NOUVELLE

———

1880

Droits de reproduction et de traduction réservés.

SOUVENIRS

D'UN CHANTEUR

I

On m'a souvent demandé, depuis quelques années, pourquoi je n'écrivais pas mes mémoires. Longtemps j'ai hésité à le faire. J'ai presque toujours regardé comme une présomptueuse inutilité, de la part d'un artiste, d'écrire l'histoire d'une existence dont une partie appartient pour ainsi dire au public, qui n'a pas besoin, par conséquent, qu'on la lui raconte, et dont l'autre ne saurait lui offrir d'intérêt. Je me demandais pourquoi moi, par exemple, sans la moindre prétention au talent d'écrivain, j'irais fatiguer le lecteur du récit de mes faits et gestes. J'ai fini cependant par céder, comme tant d'autres, au désir naturel de rassembler et de fixer les souvenirs de toute ma vie. A ces souvenirs se rattache celui d'un grand nombre de personnages célèbres, soit dans les arts, soit dans toute autre partie, et c'est uniquement à ce titre que, j'ose l'espérer, ils pourront offrir quelque intérêt aux personnes qui voudront bien les lire. Je me laisse donc aller à ma fantaisie, me promettant toutefois d'être bref, afin de n'être pas trop ennuyeux.

J'avais apporté en naissant l'instinct de la musique, du chant; il ne fallait qu'un hasard pour décider de ma vocation; voici comment il se présenta.

En 1815, dans une modeste maison de la

rue Saint-Denis, demeurait, sur le même
palier que mon père, un violoniste de l'orchestre de l'Opéra, du nom de Lecarpentier.
Je me rencontrais sur l'escalier avec son fils,
bambin de six ou sept ans, tandis que j'en
avais huit. Or, un jour que je m'amusais
à lui faire descendre l'escalier en le tirant
par les jambes, le jeu, paraît-il, ne lui plut
pas complètement, car il se mit à pousser
des cris de paon.

Aussitôt, une bonne vieille dame, tante
de ma victime, accourut tout effarée, m'ar-
racha l'enfant qu'elle prit sur ses genoux
pour le consoler, et me gronda très fort, en
me disant que j'étais un monstre de faire
du mal à son petit musicien. Comme je res-
tais foudroyé sous ce reproche : « Viens
plutôt voir toi-même », me dit-elle, et elle
m'entraîna dans une petite salle, où se
trouvait un piano sur lequel le petit Adolphe joua de sa main droite l'air : « *J'ai du
bon tabac...* » Tout émerveillé, je fis amende
honorable et de ce jour commença, entre

Adolphe Lecarpentier et moi, une liaison
qui ne s'est terminée que par sa mort, sur-
venue il y a quelques années. Dès lors aussi
ma carrière s'ouvrit. Madame Lecarpentier
m'enseigna le solfège en même temps qu'à
son fils, et me mit en état d'entrer au Conservatoire à l'âge de neuf ans, dans la classe
d'un monsieur Rogat, vieux musicien de
l'ancienne école, dont bien souvent l'archet
corrigea par des coups sur mes doigts mes
étourderies et mes bévues.

Je ne restai pas longtemps entre les mains
de M. Rogat. Au commencement de 1817,
Choron, directeur de l'Opéra, fut remplacé
dans ses fonctions, et, en échange, le directeur des Beaux-Arts, M. le comte de Pradel,
le mit à la tête d'un Pensionnat Royal de
musique religieuse qu'on allait fonder, et
dans lequel on devait créer huit bourses,
pour huit enfants choisis par examen dans
les classes du Conservatoire.

Je ne manquai pas de me faire inscrire
parmi les jeunes candidats, et, le jour du

concours arrivé, j'allai comme les autres, accompagné de ma mère, attendre, dans la salle contiguë à celle des examens, que ce fût à mon tour de passer.

Enfin, on m'appelle. Bravement je me présente, je déchiffre la leçon qui m'était imposée ; puis, arrêtant la main de M. Perne, qui tenait le piano : « Ce n'est pas tout, lui dis-je, maintenant je vais vous chanter une romance. » Et, tirant, en effet, un morceau de ma poche, où je l'avais plié, je le présentai à l'accompagnateur, qui voulut bien me le faire chanter.

Dans la salle d'attente, toutes les mamans qui écoutaient, anxieuses, ce qui se passait, se récrièrent sur *mon talent,* et dirent à ma mère que je serais le premier reçu au pensionnat. Cette belle prophétie ne se réalisa point. On choisit huit sujets, dont trois, je crois, sont devenus des musiciens, et l'on me mit de côté. Ce n'est pas étonnant, j'étais sans protecteurs !

Quelques mois se passèrent ; puis, un

beau jour, un mien cousin vint me prendre et m'emmena chez M. Choron, qu'il connaissait. Choron m'écouta, fut content et m'accueillit comme externe. Au bout de quelque temps, après une leçon où j'avais dépassé mes camarades : « Tu mangeras avec nous, me dit-il, tu demeures trop loin pour t'en aller seul. » Une autre fois, dans une occasion semblable : « Allons, me dit-il, dès aujourd'hui tu coucheras chez nous ; on ne m'a pas donné de lit pour toi ; mais nous en trouverons un. » Depuis ce moment, je fus son pensionnaire. Peu à peu, cet excellent homme, qu'intéressaient toujours les dispositions intellectuelles et laborieuses chez l'enfance, me prit dans une véritable affection. Voici, du reste, la lettre qu'il écrivait à son beau-frère, par lequel mon père lui avait fait demander ce qu'il pensait de moi. Je l'ai gardée, moins pour la satisfaction de vanité qu'elle me cause, que pour la perspicacité dont mon cher et digne maître y fit preuve.

Lettre de Choron à M. d'Arcet,
vérificateur des essais, à l'hôtel des Monnaies,
à Paris.

« Vous pouvez être parfaitement tranquille, mon cher beau-frère, sur le sort du jeune Gilbert Duprez. Cet enfant a pour la musique et l'art dramatique en général les plus heureuses dispositions.

» J'ai longtemps demandé sa nomination et, quoique je n'en aie point encore la nouvelle officielle, je ne doute pas de l'obtenir. J'y tiens d'autant plus que, l'ayant appelé provisoirement à remplir la place qui lui est destinée, j'ai toute sorte de satisfaction de lui sous le rapport du talent et de la conduite. Je ne doute pas qu'il ne devienne un des sujets les plus distingués qui sortiront de mes mains, et, quelle que soit la carrière qu'il choisisse, il y doit obtenir les plus grands succès. Je suis on ne peut plus satisfait d'avoir à vous rendre, d'un sujet auquel vous vous intéressez, un témoignage aussi avantageux et qui, comme vous le savez, ne peut être que sincère.

» Je vous souhaite le bonsoir, ainsi qu'à Claire.

» A. CHORON.

» 3 mars 1818. »

Choron[1] n'était pas seulement un artiste; c'était un savant dans toute la force du terme. Sorti à quinze ans du collège de Juilly, où il avait fait de brillantes et rapides études, bien loin de se contenter de l'éducation qu'il y avait reçue, il ne cessa, jusqu'à sa mort, d'augmenter et d'étendre ses connaissances intellectuelles. Il parlait avec une facilité étonnante les langues mortes, y compris l'hébreu, et plusieurs langues vivantes. Élève de Monge pour les mathématiques, il se distingua tellement dans cette science, qu'après avoir été répétiteur de géométrie descriptive à l'École

1. Né à Caen en 1772, mort en 1834 à Paris.

normale (1795), il fut nommé chef de brigade à l'École polytechnique, qu'on venait de fonder.

Mais la grande passion de sa vie fut la musique : il lui sacrifia tout le reste. Il ne put cependant se mettre à l'étudier de bonne heure, son père contrariant ses goûts pour cet art ; aussi dans la pratique ne put-il s'élever à un bien haut degré ; la lecture musicale ne lui fut jamais complètement familière. Ce fut par l'étude approfondie et constante de l'harmonie et du contrepoint qu'il se mit à même d'apprécier les œuvres des maîtres et de composer lui-même nombre d'ouvrages didactiques remarquables, par lesquels il se plaça au premier rang dans l'art.

Mais ce qu'il possédait à un degré inouï, c'était une sensibilité exquise, qui tenait à la nature même de son tempérament, une intuition innée des belles choses ; enfin, un amour si passionné de tout ce qui est correct et beau, que le nom seul d'une œuvre de mauvais goût le mettait hors de lui. J'en citerai tout à l'heure une preuve comique.

Choron était d'une taille moyenne, d'une figure agréable et d'une physionomie sympathique. Sa bonté parfaite, son cœur d'or, n'avaient d'égale que son extrême vivacité. A une grande mémoire, il joignait des distractions dont nous autres, enfants, nous amusions sous cape. Il arriva à sa servante qui, pour une raison ou pour une autre, n'avait pas jugé à propos de faire la cuisine, de lui soutenir un matin qu'il avait déjeuné; il le crut tout en s'étonnant d'avoir si faim. Choron était d'une grande piété, chose rare chez les hommes voués aux études abstraites, et, quoiqu'il aimât généralement la controverse, il ne supportait même pas que l'on mît en question devant lui les choses touchant à la religion.

Ce fut en 1816 que Choron, connu déjà pour ses ouvrages d'enseignement, fut nommé directeur de l'Opéra. Il n'y resta pas longtemps et, en 1817, comme je l'ai dit, il fut mis à la tête du Pensionnat Royal de musique religieuse, dont lui-même avait donné l'idée et fourni le plan.

Ce que recherchait ce maître dans les enfants dont il avait à s'occuper, c'était bien moins les moyens purement vocaux, les qualités matérielles, si l'on peut s'exprimer ainsi, que l'intelligence et l'organisation artistique, et il lui arriva de prendre au nombre de ses élèves plusieurs sujets qui se sont illustrés, il est vrai, mais tout autrement que comme chanteurs. La grande tragédienne Rachel en fut un exemple. Tout enfant, montée sur une table comme sur un théâtre, elle récitait des vers où paraissait déjà cette expression profonde qui l'a faite célèbre. Choron lui reprochait seulement d'avoir la voix enrouée. Laferrière passa aussi quelque temps au pensionnat ; et, s'il y brilla fort peu dans les classes de musique, en revanche, lorsqu'il récitait quelque fragment de pièce, ses gestes animés, sa voix chaleureuse, la passion de son débit faisaient

prévoir ce qu'il serait un jour. Il nous quitta
bientôt pour se livrer entièrement à la carrière dramatique, où l'appelait sa vocation.

Parmi tous les jeunes gens qui successivement reçurent les leçons de mon cher
maître, je fus certainement un des préférés.
On a vu par sa lettre à son beau-frère quelle
bienveillance il me témoigna tout d'abord;
avec le temps, cette bienveillance ne fit que
s'accroître et devint une affection véritable
ment paternelle. Mon sentiment musical lui
plaisait; souvent il me faisait chanter avec
lui des duos dans lesquels, malgré sa voix
impossible, il mettait une telle âme qu'il en
versait des larmes, auxquelles se joignaient
celles que, de mon côté, je lui arrachais.
Mais aussi, gare à l'imprudent qui, insen-
sible aux charmes de la musique, laissait
voir son indifférence pendant ces moments
pathétiques! Il s'exposait à la mésaventure
de mon camarade Hébert, un jour que, peu
touché des charmes de la mélodie que nous
faisions entendre à la classe, il s'exerçait à

attraper des mouches pendant que nous chantions, le maître et moi, un *duettino* de Fioraventi.

Ce *duettino* commence par ces paroles dialoguées :

> 1° Vieni, caro mio sposo.
> 2° Vieni, mio dolce amore.
> 1° Non sarai più geloso ?
> 2° No, nol saro, mio ben.

Au vers suivant, où les deux voix s'unissent, la musique étant fort attendrissante, Choron avait l'habitude de fondre en larmes. Mais, arrivé là, il aperçoit Hébert qui guignait une mouche. Indigné : « Malheureux enfant ! s'écrie-t-il, voilà donc à quoi vous passez votre temps ? Vous méritez une punition ! Vous écrirez cinq cents fois le mot *gobe-mouches !* — Mais, *m'sieu...*, fait le moutard désolé. — Mille fois ! — *M'sieu !...* — Deux mille !... » Et, comme l'infortuné Hébert essayait encore de protester : « Vous l'écrirez trois mille fois ! » crie l'impitoyable musicien. Bref, pendant huit jours, nous passâmes toutes nos récréations à écrire le mot *gobe-mouches*, pour aider notre pauvre camarade à payer sa dette à la sensibilité excessive du maître.

Élevé à une époque où l'élément fustigeant jouait encore un grand rôle dans l'éducation des enfants, Choron conservait quelque chose de l'ancienne méthode et avait la main fort leste. Il avait trouvé, *pour me donner de l'âme,* un moyen désagréable, mais qui ne manquait jamais son effet, lorsque je devais chanter, le soir, devant mes camarades et devant les amis que le maître réunissait en un petit public. J'étais assez désordonné; je laissais traîner ma musique dans tous les coins. Le professeur la ramassait sans m'en rien dire, la mettait de côté; puis, au moment du concert : « Où est ta musique? » me demandait-il. J'étais forcé d'avouer que je ne savais pas ce que j'en avais fait. « La voilà, faisait-il alors; et voici pour t'apprendre à la perdre. » Suivait une paire de soufflets, qui avaient pour résultat ordinaire d'exciter au plus haut point ma sensibilité. Un jour, après une de ces exécutions, je chantai l'air de Sacchini : « *Barbare amour !* » avec une telle expression que Choron, attendri, m'enleva dans ses bras un instant, et m'embrassa aux yeux de tout le monde.

Malheureusement, ce n'était pas seulement avec ses élèves que le digne homme se laissait aller ainsi à la vivacité de ses impressions.

Voici, à ce sujet, une anecdote que je tiens de M. Leduc, secrétaire de l'Opéra. Son père, éditeur de musique, eut pendant un certain temps Choron pour associé. Celui-ci était, un jour, dans le magasin, ce qui ne lui arrivait heureusement pas souvent. Entre un client, qui demande je ne sais quel morceau. Comme je l'ai dit, Choron poussait presque jusqu'à la férocité son amour exclusif pour les œuvres des maîtres.

« Fichue musique ! murmura-t-il en entendant le titre du morceau demandé.

— Plaît-il, monsieur ? dit le client surpris de l'apostrophe.

« — Fichue musique ! répète Choron en élevant la voix.

— Eh ! mais, Monsieur, qu'est-ce que cela vous fait ?

— Rien ; seulement je dis : Fichue musique !

— Ah ! cela devient une impertinence, s'écrie le client exaspéré.

— Fichue musique ! » hurle Choron.

Et, cette fois, joignant le geste à la parole, il lance une paire de claques à son interlocuteur.

Il ne tarda pas à s'en repentir. Le monsieur souffleté, furieux, leva sa canne et se mit en devoir de poursuivre le trop ardent adorateur des classiques. Celui-ci, reconnaissant son tort, tournait autour du comptoir, et s'excusait tout en esquivant les coups. A la fin, on parvint à les séparer, à les calmer, et l'affaire alla, le lendemain, se vider sur le terrain, où l'*honneur satisfait* coûta seulement la vie à quelques canards.

Une autre fois, Choron passait dans une

rue où un orgue de Barbarie faisait entendre, sur un mouvement beaucoup trop lent, le fameux air de *la Sentinelle*, dont il était l'auteur. Il court au joueur d'orgue : « Ganache ! s'écrie-t-il; tiens, voilà le mouvement ! » Et, s'emparant de la manivelle, il la fait tourner avec la rapidité voulue; puis il s'en va, après avoir mis une pièce blanche dans la main du mendiant ébahi.

Toute sa vie, Choron fut en opposition ouverte avec Cherubini, directeur du Conservatoire. Si le premier était vif, le caractère difficile et colère du second est devenu proverbial. On raconte, entre autres choses, qu'un artiste, qu'à tort ou à raison il ne pouvait souffrir, ayant eu affaire chez lui : « Allez-vous-en, s'écria le vindicatif Italien; allez-vous-en ! *Qué si vous ne vous en allez pas, zé me zette par la fenêtre, qué l'on dira qué c'est vous !* »

On comprendra facilement qu'une brouille entre deux hommes aussi absolus et aussi irritables fut irréconciliable. Par suite de cette brouille, Choron était assez mal vu de l'administration de l'Opéra, et lorsque les élèves du pensionnat se rendaient à ce théâtre, où, une fois par semaine, ils avaient leurs entrées, ils s'en ressentaient par l'accueil qui leur y était fait. Les employés ne se gênaient pas pour nous lancer des quolibets et se moquer de nous à notre passage : « Voilà l'Espérance, disaient-ils ; laissez passer l'Espérance !... » Cette plaisanterie nous porta sur les nerfs ; et, un soir que je rentrais de l'Opéra avec Monpou, Boulanger et Renault, nous prîmes le parti de nous en plaindre à M. Choron. Nous lui fîmes porter la parole par Renault, l'aîné de nous quatre. « Vous avez tort de vous fâcher, nous répondit notre maître. Répondez seulement à ceux qui vous taquinent : « Oui, nous sommes l'*Espérance*, et nous « vous ferons la *Charité*, quand on n'aura plus « *Foi* dans vos vieilles reliques. » Ces *vieilles reliques*, c'étaient apparemment le genre et le répertoire surannés qui devaient bientôt faire place à l'école novatrice de Rossini.

Choron n'avait pas toujours été grand admirateur du genre rossinien, au contraire. Bien qu'il comprît la nécessité d'encourager les jeunes compositeurs et les nouvelles œuvres, son culte pour les anciens maîtres le rendit mainte fois injuste pour ses contemporains. L'auteur du *Barbier* fut discuté, nié même, jusqu'au jour où Choron dut se rendre à l'évidence. Mon camarade Scudo et moi, nous nous mîmes en tête d'étudier secrètement le beau duo de *Moïse* : « *Parlar, spiegar non posso...* » et nous le chantâmes à notre maître sans lui dire ce que c'était. Choron ne connaissait pas *Moïse* ; pris ainsi au dépourvu, il ne put retenir son admiration, à l'audition de cette page si belle et si sentie : « Je ne sais pas de qui cela est, s'écria-t-il ; mais c'est furieusement beau ! » Nous lui nommâmes Rossini. Il ne nous sut pas mauvais gré de cette petite mystification, qui contribua à le faire revenir de ses préventions.

Scudo, que je viens de nommer, fut un

de mes grands amis au Pensionnat Royal.
Il avait près de quinze ans lorsqu'il s'y présenta, et y fut reçu, non certainement pour
sa voix (car, en admettant qu'il en eût une
belle, elle traversait alors la désagréable
période de la mue), mais pour son intelligence et le goût très vif qu'il montrait pour
la musique. Je le vois encore tel qu'il était
à cette époque, avec son œil brillant et ses
longs cheveux blonds, sa petite casquette et
son pittoresque costume d'étudiant allemand.
De prime abord aussi il me remarqua entre
les autres, et me témoigna une amitié qui
prit peu à peu les proportions de l'enthousiasme. Dans une circonstance, particulièrement, je me grandis à ses yeux d'une
façon prodigieuse, en même temps que je
donnais un échantillon de l'assurance que
je pouvais avoir quand il s'agissait de faire
de la musique.

Nous étions, de temps en temps, les uns
ou les autres, attirés dans les réunions
musicales de quelques grands salons d'ama-

teurs du faubourg Saint-Germain. C'est de cette manière que Choron mena quelques-uns d'entre nous chez M. le comte Siméon, ministre de l'intérieur. J'étais de la troupe, avec Scudo et Boulanger-Kuntzé, qui est devenu chanteur et professeur de chant. Ces derniers devaient exécuter un duo ensemble. Malheureusement, le futur critique musical, outre qu'il était en pleine mue, avait mangé ce soir-là une si grande quantité de marrons qu'il pensa en étouffer ! Quand, après la phrase *solo* par laquelle commence le morceau et que disait Boulanger-Kuntzé, Scudo ouvrit la bouche à son tour, rien n'en sortit. Le morceau était au diable, lorsque, inspiré par la gravité de la situation, je tire mon malheureux camarade par les pans de son habit et le force brusquement à se rasseoir. Je me lève alors à sa place et chante sa partie jusqu'au bout, sauvant ainsi, à mes risques et périls, *l'honneur de l'école.*

J'avais un autre ami, comme Scudo, un

peu plus âgé que moi, dont j'obtins la
preuve de tendresse la plus capable d'exciter
ma reconnaissance. C'était le fils d'un
artiste de l'Opéra-Comique, du nom de
Batiste. Plus favorisé que moi, ou plus
économe, il avait toujours son gousset bien
garni, tandis que le mien était constamment
à sec. J'en profitais pour lui faire maint
emprunt : c'était tantôt dix, tantôt vingt
sous, que je négligeais de lui rembourser.
Bref, je finis par lui devoir la somme de
quatre francs soixante-quinze centimes !
Nous en étions là, quand je chantai, à l'une
de nos grandes classes, l'air d'*Orfeo* : « *Che
farò senza Euridice...* » J'étais en voix et en
veine. Mon bon maître trépignait d'aise en
m'écoutant ; ses élèves applaudissaient...
Quand j'eus fini, Batiste vint se jeter à mon
cou, et, les larmes aux yeux, il s'écria en
m'embrassant : « Tu as si bien chanté,
que... que les quatre francs soixante-quinze
centimes que tu me dois, eh bien ! je te les
donne ! » Ce fut mon premier succès d'argent !

A propos de succès, j'en obtins un presque égal à celui qui m'attendait quinze ans plus tard à l'Opéra, mais dans un sens diamétralement opposé.

Mon frère Édouard, dont se souviennent encore les anciens amateurs de bonne comédie de Lyon, Bordeaux ou Bruxelles, se livrait à l'étude de l'art dramatique et, comme le font encore les jeunes gens qui se vouent à cette carrière, s'exerçait sur toutes les petites scènes que possède la capitale. Un jour, il arriva très affairé au pensionnat : « Gilbert, me dit-il, veux-tu me rendre un service ? Je joue ce soir, avec Provence, un vaudeville, *Monsieur Tranquille*, au théâtre Saint-Pierre ; il nous manque un tout petit rôle, celui d'un paysan qui vient annoncer à M. Tranquille que sa maison est en feu. Est-ce que tu ne voudrais pas t'en charger ? » Or, le théâtre Saint-Pierre était une sorte de *boui-boui* (qu'on me passe le mot), situé derrière le boulevard du Temple, quartier plus épouvantable alors qu'on ne peut se

l'imaginer aujourd'hui. Ce fut précisément
là ce qui me séduisit ; le contraste entre
un pareil lieu et le paisible pensionnat de
musique religieuse, ce changement dans
toutes mes habitudes, me tentèrent : « Donne
ton bout de rôle, dis-je à Édouard, et
compte sur moi. »

En conséquence, le soir venu, je m'esquive
vêtu de mon habit à queue de pie et de
mon chapeau à trois cornes, arrive au théâtre, quitte cet uniforme pour m'affubler d'une
casquette et d'une blouse et entre en scène…
Mais à peine y suis-je, que la peur me prend ; la
seule phrase que j'eusse à dire à M. Tranquille pour l'avertir que sa maison brûlait,
m'échappe ! En vain, mon frère et Provence
me soufflent, en vain je fouille ma mémoire
et mon imagination… je reste bouche
béante, inerte, frappé de stupidité, sous les
invectives, les huées d'un public qui ne se
pique ni d'indulgence ni de politesse. Ce
sont des cris : « Il parlera !… Il ne parlera
pas !… » Bref, je sors de là sans avoir pu

prononcer une parole et tout autrement impressionné que je ne le fus, le 17 avril 1837, après ma première représentation de *Guillaume Tell*.

Les études qu'on nous faisait faire chez Choron comprenaient, outre le solfège et le chant, le français, l'italien, les éléments de latin, puis le contrepoint, l'harmonie et la composition. Ces dernières branches nous furent d'abord enseignées par un vieux compositeur italien .du nom de Porta, puis par le savant Fétis, qui a précédé M. Gevaërt dans la direction du Conservatoire de Bruxelles.

Porta avait jadis fait exécuter un opéra de sa composition à l'Académie royale. Quelle en était la valeur et quel en fut le succès, je l'ignore; tout ce que je sais, c'est que les musiciens de l'orchestre de l'Opéra, lorsqu'ils voyaient passer le vieil artiste, le poursuivaient insolemment de ce refrain (sur l'air de *J'ai perdu mon écuelle de bois*) : « Porte ailleurs ta musique, Porta, porte ailleurs ta musique! » Ce qui le mettait fort en colère.

En 1822, Fétis fut chargé de faire exécuter la musique antérieurement écrite par Gossec pour les chœurs d'*Athalie,* aux représentations de ce chef-d'œuvre de Racine données par le Théâtre-Français.

Lui-même avait composé un joli petit trio qu'il fit chanter par trois élèves de Choron, à savoir : Boulanger, de la Gastine et moi. Nous nous rencontrions donc à ces occasions avec les plus illustres représentants de la tragédie ; c'étaient Lafont, Duchesnois, madame Allan-Despréaux dans le rôle d'enfant, mademoiselle Bourgoing, enfin le grand Talma ! Plus d'une fois, cet illustre artiste, me tapant familièrement sur la joue, me rendit fier en me louant sur mes dispositions précoces. J'entrais alors dans la mue de la voix. Nous allions fort souvent faire de la musique chez M. Bertin, propriétaire du *Journal des Débats*, qui aimait les artistes, en comptait même dans sa famille, et rece-

vait les plus grandes illustrations artistiques
et littéraires du temps : Ingres, Gérard, Giro-
det, Eugène Delacroix. Ces peintres célèbres
s'y rencontraient avec Hector Berlioz et notre
grand poète Victor Hugo, qui écrivit pour
mademoiselle Bertin le poème de l'opéra
Esméralda, dont elle fit la musique.

Malgré l'état précaire de ma voix, je
continuais de chanter dans ces réunions;
et, de quinzaine en quinzaine, Fétis ou bien
Castil Blaze qui, tantôt l'un, tantôt l'autre,
m'accompagnaient, étaient obligés de transposer les morceaux dont j'étais l'interprète,
pour se mettre au diapason de mon capricieux organe. Peu à peu la transformation
s'accomplit. Dans le courant de l'année 1823,
je *ténorinisais* déjà avec succès chez madame
Orfila, femme de l'illustre doyen de la
Faculté de médecine, et chez madame la
comtesse Merlin, dont le goût pour la musique
attirait dans ses salons tout ce qu'il y avait
d'illustre en cet art. Ce fut chez elle que
je rencontrai pour la première fois Rossini

et donnai une nouvelle preuve de cet
aplomb qui avait précédemment *sauvé
l'honneur* de l'école Choron chez M. le ministre Siméon. Il y avait brillante et nombreuse
assistance ; Rossini, alors dans toute la
splendeur de sa gloire et de son talent,
était au piano ; la comtesse manifesta le
désir de chanter avec moi un duo de *Ric-
ciardo e Zoraïde ;* naturellement je m'em-
pressai de lui obéir. Nous commençâmes ;
mais, arrivé à mon solo : « Permettez, fis-je
en posant ma main sur le bras de l'illustre
maître qui nous accompagnait, permettez :
voici mon mouvement. » Rossini me regarde,
sourit, et, de la meilleure grâce du monde,
prend le mouvement que j'osais lui imposer.
Mon outrecuidance, paraît-il, ne lui avait
pas déplu ; car, en 1825, lors d'un voyage
que je fis en Italie, comme on va le voir
tout à l'heure, il me donna d'excellentes
lettres de recommandation pour son pays.

Mais, avant de parler de ce voyage, je
dois dire comment j'eus pour élève un futur

grand artiste que je ne soupçonnai même
pas.

L'institution de jeunes gens de M. Boni-
face se trouvait fort proche du pensionnat
de musique religieuse. Il en résulta que le
chef d'institution fut tout naturellement
conduit à demander à son voisin Choron
un maître de solfège pour les enfants qui
lui étaient confiés ; je fus désigné pour
remplir ces fonctions.

Là, parmi une vingtaine de bambins plus
ou moins dociles, il y avait un petit bonhomme de six ou sept ans dont la mine
réfléchie et la physionomie attentive fixèrent
ma prédilection. Je le prenais sur mes
genoux, le donnais en exemple à toute la
classe, et lui faisais expliquer les questions
trop difficiles pour les autres.

Après ma rentrée d'Italie, en 1837, un
jeune compositeur, sur le point de faire
jouer son premier ouvrage, me rappela ces
scènes effacées de mon souvenir et me dit
être l'enfant dont j'avais remarqué les apti-

2.

tudes précoces. Ce compositeur se nommait Charles Gounod.

Choron avait ramené de Nantes une jeune personne fort intelligente et bien douée sous tous les rapports, qu'il plaça dans un pensionnat de demoiselles composé de six jeunes filles et dirigé par madame Dotti, mère de l'une d'elles. En ma qualité d'élève déjà avancé, j'avais à faire une classe préparatoire pour les commençants. Mademoiselle Alexandrine Duperron, la jeune Nantaise, fut désignée pour en faire partie; — comme plus tard Rose Noël, ou Rosine Stolz, fit partie de la classe de Scudo qui, vu le caractère entier de cette élève, se croyait obligé parfois d'en venir envers elle aux voies de fait.

Ces relations quotidiennes entre un homme de mon âge et une fille belle, aimable et bien élevée, eurent un résultat facile à prévoir. Je ne tardai pas à éprouver pour mademoiselle Duperron le sentiment tout honnête qu'elle devait inspirer. Ce fut alors

que mon père et Choron, afin de détourner
mes idées d'un mariage prématuré, se décidèrent à me faire voyager et m'expédièrent
en Italie.

Déjà une fois j'avais failli faire ce voyage
et tel, que, pour le coup, il m'eût à jamais
détourné des idées matrimoniales. C'était
avant ma mue ; Paër, grand ami de notre
institution, trouvait si regrettable que je
perdisse ma voix d'enfant, que, d'accord
avec mon maître Choron, aveuglé par la
passion musicale, ils ne projetèrent rien
moins que de m'envoyer *sopraniser* à la chapelle Sixtine. Mon père, qui à lui tout seul
avait eu vingt-trois enfants, y mit heureusement le holà ! Il fallait son consentement,
il le refusa en termes énergiques : « S'il
arrivait à quelqu'un, dit-il aux auteurs de
ce beau projet, de blesser mon fils d'un
coup de fusil, je pourrais encore pardonner ;
mais si vous aviez le malheur de l'empêcher,
par une opération quelconque, d'être ce que
la nature veut qu'il soit, je vous réponds

que vous auriez affaire à moi! » Voilà comment je suis resté ténor.

Donc, au mois de mai 1825, la poche suffisamment garnie par les soins de mon bon
maître et d'un de nos amis, gai comme un
oiseau qui s'envole, je pris place dans le
voiturin qui partait de la rue Git-le-Cœur
pour se rendre à petites journées jusqu'à
Milan. Aller de Paris à Milan par le mont
Cenis n'était pas dans ce temps une petite
affaire; l'incommode véhicule auquel me
condamnait la modicité de mes moyens mettait seize jours pour accomplir ce trajet, en
faisant station dans plusieurs villes. A Lau-
sanne, par exemple, on arrivait dans l'après-
midi pour repartir à l'aube le lendemain.
Je profitai de ces quelques heures pour vi-
siter la localité.

Tout en me promenant, j'aperçois, collé
contre une vitrine, le tout petit programme
d'un concert affiché pour le soir même.
Aussitôt, le démon de la musique me ten-
tant, je vais trouver l'organisateur du con-

cert et lui demande d'y prendre part; il y
consent, et je me fais entendre pour la
première fois en pays étranger dans la
romance d'Amédée de Beauplan :

> « J'aime le son du tambour,
>   De la trompette,
> Et mon ivresse est complète
> Quand j'entends résonner le canon. »

On m'applaudit beaucoup, et je fus heureux, tout autant qu'on se l'imagine.

A Chambéry, le voiturin laissa trois voyageurs et en prit trois autres, un Russe, un
Anglais et un Allemand, destinés comme
moi à passer les monts pour se rendre en
Italie. Ces trois messieurs comprenaient fort
bien le français, tandis que je ne savais pas
un mot de leurs langues ; mais, bavard
comme un écolier, il me suffisait qu'on me
comprît, et je me mis à parler musique à
tort et à travers. L'un de mes compagnons,
l'Allemand, parut s'amuser de mes propos.
La route était longue et pénible, souvent

nous mettions pied à terre et causions en
marchant ; mon inconnu prenait alors plaisir à me faire pérorer, me donnant la réplique à propos pour exciter ma faconde. Jeune,
étourdi, outrecuidant dans mes opinions,
qui sait tous les discours que je pus lui
tenir ?... J'en fus bien ému plus tard...

Arrivés à Turin, nous nous séparâmes
sans que je me fusse informé de son nom.

Les deux autres voyageurs partirent également, chacun de son côté, et je continuai
seul ma route vers Milan.

Il y a loin, de l'italien qu'on apprend
sur les bancs de l'école, à la langue qu'il
faut parler dans le pays pour se faire comprendre ; j'en fis l'expérience à Novare. Le
voiturin s'y arrêtant assez longuement, je
pris ma petite malle et me présentai à la
première *osteria* venue ; là, tout heureux de
donner un échantillon de mon savoir, je
demandai pompeusement qu'on me préparât
« una casa ». Le garçon auquel je m'adressais
regarda mon modeste bagage et partit d'un

éclat de rire : je lui avais demandé une
maison ! J'ouvris de grands yeux, et, un peu
revenu de mes prétentions italiennes, réité-
rai en bon français la demande d'une chambre, qu'on m'octroya aussitôt. Au moins ne
se méprit-on pas sur ma nationalité, tandis
que, moins heureux que moi, Casimir Delavi-
gne et un de ses amis, qui avaient cru savoir
l'italien au bout de trois mois d'étude, réussirent si bien, qu'à leur langage ils furent
pris pour deux Anglais.

Le séjour que je fis à Milan est à peu
près sans intérêt. Muni de lettres de recommandation de Rossini, de Caraffa et de la
Pisaroni, j'eus cependant l'occasion de faire
de la musique dans quelques salons, et me
liai d'amitié avec trois artistes de réputation :
Gustave Carulli, fils du célèbre guitariste,
Alexis Dupont, depuis mon camarade à
l'Opéra, et le compositeur anglais Balfe.
Mais, au bout de peu de mois, Choron pensa
que je m'étais distrait suffisamment et me
rappela auprès de lui, me signifiant, avec

son absolutisme habituel « que, si je ne revenais point de bonne volonté, la gendarmerie se chargerait de me ramener de brigade en brigade ». J'étais accoutumé à obéir à mon maître ; d'ailleurs mes fonds baissaient considérablement : je revins donc de bonne volonté au mois de septembre 1825.

II

Je quitte le pensionnat royal de musique religieuse et j'entre
à l'Odéon. — Je me marie. — Une œuvre innocente. —
Souper d'artistes de vingt ans. — Magnifiques recettes que
je fais à Tours. — Comment je suis engagé à l'Opéra-Co·
mique et ce qu'on m'y fait faire. — Comment j'en sors.

Aussitôt à Paris, je rentrai au bercail,
c'est-à-dire au Pensionnat Royal ; mais, pressé
de me créer une position, afin de pouvoir
réaliser mes projets de mariage, que je
n'avais nullement abandonnés, je n'y restai
pas longtemps.

L'Odéon jouait alors avec succès les œuvres des maîtres anciens et modernes, français, italiens ou allemands, *Don Juan, Robin*

des Bois, *le Barbier*, *la Pie voleuse*, *Marguerite
d'Anjou*, *Zémire et Azor*, etc., etc., avec d'excellents artistes, tels que la Schütz, Valère,
Mondonville, pour interprètes. C'est à ce
théâtre que je me fis entendre et fus immédiatement engagé, aux appointements fabu-
leux de 4,000 francs par an, soit 333 francs
et 33 centimes par mois, une fortune enfin!
Le 3 décembre 1825, à l'âge de dix-neuf ans
moins trois jours, je débutai dans *le Barbier
de Séville*.

La première critique dont j'eus l'honneur
d'être l'objet fut faite par Charles Maurice,
dans *le Courrier des Théâtres* ; elle disait que,
« pour m'entendre, il fallait être assis sur le
trou du souffleur, et qu'en me voyant, on
croyait avoir pris la lorgnette par le grand
côté ».

Certes, Choron n'avait pas été content que
je quittasse son école et prisse aussi tôt le
théâtre ; cependant son amour de l'art et
son amitié pour moi le décidèrent à assister
à mon début, qui fut loin de m'être défavo-

rable. Le second se passa bien aussi ; mais, au troisième, je fus sur le point de quitter à tout jan ais la carrière. Je paraissais dans *les Folies amoureuses*, pastiche de Castil Blaze ; la salle était pleine d'étudiants ; dans un duo que je chantais avec le baryton Léon Bizot, comme moi bon musicien, ils commencèrent, je ne sais pourquoi, à nous huer, si bien que nous achevâmes notre morceau au milieu d'un concert de sifflets.

Je tins bon pourtant et ne regrettai pas mon courage, car jamais dans la suite semblable chose ne se renouvela. Bien au contraire, je chantai avec succès diverses pièces du répertoire si ornementé de Rossini et de son école, auquel ma voix de *tenorino*, aussi agile pour le moins qu'exiguë, se prêtait à merveille. Cela ne m'empêcha pas d'être fort applaudi dans les rôles, tout de style et de sentiment, de *Zémire et Azor*, de l'*Ottavio*, de *Don Juan* et dans diverses créations, comme, par exemple, *la Folle de Glaris* ou *le Neveu de Monseigneur*.

Mademoiselle Duperron, devenue, au commencement de 1827, madame Duprez, avait quitté comme moi le pensionnat de musique pour le théâtre, et nous chantâmes ensemble divers ouvrages, entre autres *Adolphe et Clara*, *la Dame du lac*, etc., etc. Malheureusement, l'Odéon devait avoir le sort de toutes nos troisièmes scènes lyriques, c'est-à-dire qu'il fit faillite, et, au mois de juin 1828, nous dûmes chercher fortune ailleurs.

Deux ans auparavant, en 1826, j'avais mis à la lumière ma première œuvre dramatique. Il faut le dire, le démon de la composition m'a toujours possédé : à treize ans, je mis en musique et fis graver les stances de Désaugiers sur la mort du duc de Berry ; plus tard, je m'exerçai dans des *duettini*, des nocturnes, des romances ; enfin, mon frère, le comédien, ayant de son côté la même manie à l'égard de la versification, nous unîmes nos forces pour la perpétration d'un innocent opéra comique dont le principal personnage avait nom *l'Esturgeon*. Il était certainement moins difficile de se faire représenter à cette époque qu'à présent. J'avais quelques amis au théâtre de Versailles, ils m'engagèrent à présenter ma pièce à leur directeur et celui-ci voulut bien la faire jouer. Les chemins de fer n'étaient point inventés; les moyens de transport n'étaient ni commodes ni nombreux. Pour aller à Versailles par le plus rigoureux des hivers, nous prenions, mon frère et moi, une ou deux fois la semaine, l'agréable véhicule impoliment appelé tape-cul, à dix sous la place, et, après deux heures de route, nous étions rendus au théâtre pour assister à nos répétitions; après quoi nous revenions de la même manière.

Mais, un soir, la séance se prolongea de beaucoup au delà de l'habitude, nous ne pûmes songer à rentrer à Paris; il fallait bien pourtant souper et se coucher d'une manière quelconque et tout était fermé depuis longtemps dans la ville de Louis XIV. Notre premier baryton, qui n'était autre que mon

ancien camarade Batiste, nous offrit géné-
reusement l'hospitalité. Malheureusement,
chez lui il était beaucoup plus facile de se
coucher que de souper, il n'avait que du pain
et un peu de fromage, et nous mourions de
faim. Que faire?.... Dans notre embarras,
nous avisâmes une boutique d'épicerie dont
le dernier volet n'était pas encore fermé, nous
nous y précipitâmes. L'épicier n'était pas
des mieux fournis ; mais, enfin, il put nous
vendre du brie, un marolles et ces deux
fromages, joints au gruyère de Batiste,
constituèrent un repas succulent pour nos
estomacs affamés de vingt ans. Qu'on est
heureux à cet âge !..

Pour en revenir à *la Cabane du Pêcheur*,
notre opéra, telle fut la répétition générale,
à laquelle nous assistâmes, que nous ne
crûmes pas prudent, mon frère et moi, de
nous rendre à la première représentation. Mais
nous eûmes une satisfaction plus grande, celle
de nous voir joués quelque temps après, à
une soirée de bénéfice, par mes camarades

de l'Odéon qui voulurent bien se prêter à l'exécution de ce chef-d'œuvre.

Me voilà donc sur le pavé, souffrant d'autant plus de ma position que je n'étais plus seul à en supporter les conséquences. J'avais femme et enfant, il fallait à toute force faire quelque chose; j'essayai de donner de petits concerts en province. A Tours, le premier que je donnai me rapporta quinze francs!.. C'était dérisoire. J'eus pourtant le courage de récidiver, et, cette fois, recueillis cent écus; mais, la saison avançant, il commençait à faire trop chaud pour espérer de réunir le public dans une salle de concert. Je revins donc à Paris attendre les événements.

Damoreau, le ténor qu'épousa depuis mademoiselle Cinti, débutait au mois de septembre dans *Joseph*, de Méhul, à l'Opéra-Comique. La veille de la représentation, l'acteur chargé du tout petit rôle de *Nephtali* vint à manquer par une cause quelconque. Il n'y avait pas de temps à perdre pour le remplacer. On me proposa ce rôle, où il n'y a rien à chanter. J'acceptai, à la condition que, dans les huit jours, on me ferait débuter sérieusement dans *la Dame Blanche*, avec mes 333 fr. 33 c. par mois de l'Odéon. Le colonel Ducis, directeur de l'Opéra-Comique, m'engagea pour six mois dans ces termes; promesse m'était faite de renouveler mon engagement à son expiration et de porter mes appointements à 6,000 francs. On devait m'adjoindre madame Duprez, qui, certes, ne manquait pas de talent : elle l'a prouvé en Italie.

Mais ce fut en vain que, au bout de deux mois, je réclamai l'exécution de cette promesse. Comme on peut encore le voir dans *le Journal des Débats* de l'époque, une cabale des artistes du théâtre empêcha mon engagement. La direction elle-même m'était contraire. Elle n'avait pourtant pas à se plaindre de moi : dans l'espace de ces deux mois, j'avais appris et joué une dizaine de rôles et de telle façon que les auteurs dont

j'étais l'interprète, Boïeldieu, Caraffa, Hérold,
venaient m'entendre parfois et me donnaient
des marques non équivoques de leur approbation. Le public ne m'était nullement
hostile ; avec la figure que tout le monde
m'a connue, le bon parterre du dimanche
me faisait bisser dans l'air des Visitandines :
« Enfant chéri des dames ! » et, une autre
fois, il jetait à la porte, en les couvrant de
huées, huit de mes adversaires qui m'a-
vaient inopportunément sifflé dans *la Dame
Blanche*...

Malgré tout cela, un beau matin du
milieu de novembre, le régisseur vint m'annoncer qu'on avait sous la main un ténor
prêt à chanter pour 4,000 francs, et, en
conséquence, que si je tenais à rester à
l'Opéra-Comique, il me fallait renoncer à
l'augmentation promise.

A cette nouvelle, la colère et le désespoir
me montèrent à la tête : il y avait de quoi,
l'on en conviendra. Aussi, sans réfléchir à
ce qu'il en adviendrait, j'écrivis sur-le-

champ à mon directeur pour lui demander la rupture immédiate de mon engagement. La réponse ne se fit pas attendre ; j'ai encore la lettre dans laquelle le colonel Ducis me dit accepter « avec empressement » la démission que je lui envoie. Il ne se doutait guère, en agissant ainsi, qu'il contribuait à ma fortune.

Mais, hélas !... je ne m'en doutais pas non plus, et, désespéré, incertain sur ce que j'allais devenir, pressé par la nécessité de prendre un parti, en quinze jours je me décidai à partir pour l'Italie avec ma femme. Nous laissâmes notre enfant aux soins de mon père et de ma mère ; puis, munis de quelques lettres de recommandation de mes anciennes connaissances, nous nous mîmes en route pour Milan, au commencement du mois de décembre 1828.

III

Mes commencements en Italie. — Les artistes de la Scala
en 1829. — Quelques mots sur la Pasta. — Pérégrinations.
— Venise. Une baignade involontaire. — Jaunisse. —
Défaite d'un pantalon blanc. — Turin : mon premier rôle
dramatique. — Je vais chanter *Guillaume Tell*.

La première chose que nous fîmes en
arrivant à Milan fut de nous présenter chez
les personnes auxquelles nous étions recom-
mandés. De ce nombre étaient Merelli, le
principal correspondant des théâtres italiens
à cette époque, et quelques bonnes familles
de la ville qui nous firent un excellent
accueil. Merelli, lui, me fit chanter quelquefois ; puis il me conseilla de prendre,

pour me perfectionner, un maître de chant
italien. En conséquence, *il maëstro Pedroni*
fut chargé de m'initier aux secrets d'un art
que je connaissais probablement aussi bien
que lui; car, au bout de la septième leçon,
il déclara n'avoir rien à m'apprendre et ne
revint plus. Au moins avait-il le mérite de
la franchise.

Nous fîmes aussi la connaissance du
prince Belgiojoso et de son cousin le comte,
amateurs de musique bien connus, qui
furent charmants pour nous, et que nous
revîmes plus tard, avec le plus grand plaisir,
à Paris. Enfin, nous aurions trouvé notre
séjour à Milan fort séduisant si nous y
étions venus dans le dessein d'engager
d'agréables relations; mais il s'agissait pour
nous de tout autre chose, et l'hiver se
passait sans que les engagements fissent
mine de s'offrir. Cet hiver-là, à la Scala,
brillait une de nos compatriotes, madame
Démérie; elle créait *la Straniera*, et s'y
faisait acclamer. A côté d'elle chantait

Tamburini, que j'avais entendu précédemment dans *l'Assedio di Corinto*, un certain soir où il donna une fort belle idée de son talent de chanteur et un fort piteux spectacle de ses talents équestres : il ne put jamais se hisser sur le cheval du héros musulman qu'il représentait et fut obligé de quitter la scène pédestrement, comme un simple général d'antichambre.

Enfin, l'illustre ténor Rubini créait *le Pirate*, opéra nouveau de Bellini, au grand enthousiasme du public milanais. On sait que, quelques années auparavant, ce grand artiste avait été refusé à ce même théâtre de la Scala où il s'était présenté comme choriste, et avait dû gagner sa vie en chantant sur des scènes infimes les rôles de *prime donne*, singularité que l'étendue extraordinaire de sa voix lui rendait possible.

Tels furent les artistes qui, pendant l'hiver de 1828 à 1829, attirèrent la foule au grand théâtre de la Scala.

Or, en concurrence à ce théâtre, une
société de riches négociants se formait pour
en fonder un autre, qui devait ouvrir au
printemps de 1829, et le premier engagement
qu'elle conclut fut celui de la Pasta, la plus
brillante étoile du chant dramatique du
commencement de ce siècle. Quelques mots
sur cette femme illustre ne seront sans
doute pas déplacés ici [1].

Giuditta Pasta, israélite, naquit à Como,
en 1798, et étudia la musique depuis l'âge
de quinze ans ; mais elle ne parvint jamais
à un bien haut degré dans la connaissance
de cet art, dont elle avait plutôt l'intuition.
Douée d'un rare instinct dramatique, d'un
sentiment profond et d'un désir immodéré
de parvenir, elle travailla sans relâche à
assouplir un organe puissant, mais impar-
fait, lourd et voilé, qu'elle dut soumettre

1. Presque tout ce qui concerne la Pasta est pris d'une
notice que je fis en 1875, à la demande de M. Alfred Bruyas,
pour le catalogue des tableaux qu'il a laissés à la ville de
Montpellier, et au nombre desquels figure le portrait de la
célèbre cantatrice, par Gérard.

au goût de cette époque pour les fioritures. Elle en fit l'instrument docile des conceptions de son imagination ardente et de sa brûlante organisation. Sa réputation, en Italie, date environ de 1820 ; elle s'en acquit une plus éclatante encore en 1821 et 1822 à Paris, plutôt par ses grandes qualités dramatiques que par la perfection de son exécution vocale. C'est en 1820 que je l'entendis pour la première fois ; mais, à peine adolescent et incapable de la juger et de l'apprécier comme il faut, je ne l'admirai guère, je l'avoue, que de confiance.

J'ai lu, dans les lettres de Stendhal, que, en 1819 et 1820, la Pasta travaillait encore, à Milan, de sept à huit heures par jour, « *prendendolo solamente* », ajoute discrètement cet auteur, « de manière à ne pas fatiguer sa voix ».

A Paris, ses succès en firent une reine. Il ne manquait à son diadème que l'éclat du diamant vrai à la place de celui du strass. Elle avait ses courtisans, ses chambellans, son premier ministre, M. Micheru, qui lui servait aussi, ai-je ouï dire, de chargé d'affaires, d'ambassadeur, de *maestro al cembalo*, de tout enfin.

Après les représentations, la diva, retirée chez elle, donnait audience à sa cour, étendue sur un divan, se reposant des fatigues de la journée et se redressant négligemment pour saluer celui-ci de sa main gracieuse, sourire à celui-là, ou ordonner à de la Pelouze, son sexagénaire admirateur, de rire afin de montrer ses belles dents ; ordre auquel, par parenthèse, il se rendait de fort bonne grâce. On prenait des rafraîchissements, la diva soupait au milieu d'un concert de flatteries et d'hommages, et l'on se séparait pour se réunir de nouveau à l'issue de la représentation suivante.

De Paris, la Pasta alla à Londres, puis à Trieste, à Naples, et enfin traita avec les directeurs du nouveau théâtre del *Carcano*, à Milan. En même temps qu'elle, furent engagés la Brambilla, Cosselli, basse de talent qui devint par la suite mon ami, et divers autres artistes.

Il manquait un ténor pour les seconds premiers rôles; ce fut alors que Merelli pensa à moi. Il me proposa cet emploi, et la nécessité m'obligea d'accepter les tristes conditions que l'on me faisait. Hélas ! on m'offrit cent francs par mois !..... Madame Duprez fut prise au même chiffre. Combien je regrettais mes 333 fr. 33 c. de l'Odéon !.....

Me voilà donc, à vingt-deux ans, sur une scène italienne, chantant auprès d'une des plus grandes cantatrices de notre temps. Il faut le dire, je paraissais bien petit garçon auprès d'elle, et, bien que je lui servisse successivement de nègre dans *Sémiramide*, de père dans *Tancredi*, d'amant malheureux dans *Otello*, de pâtre dans la *Nina pazza per amore* de Paesiello, la Pasta, peu complimenteuse, ne m'a jamais donné le moindre encouragement, ce qui ne m'empêchait pas d'écouter avec une admiration raisonnée et sincère ce grand et noble talent.

Je ne sais si j'eus dans *Otello* un succès
de voix, mais à coup sûr les escarpins de
soie blanche que j'avais apportés de Paris
m'y valurent ce qu'on pourrait appeler un
succès de pied auprès des dames milanaises,
qui voulurent bien s'en émerveiller. « *Ma
guarda*, s'entre-disaient-elles, *guarda che pie-
dino! Sicuro che sono le scarpe di sua moglie!* »
J'obtins à la fin de la saison une satisfaction
plus sérieuse par la gratification de 600 livres
que la direction m'octroya et qui furent les
bienvenues dans ma poche. Cependant tout
n'est pas rose dans le métier d'artiste en
Italie : au commencement de cette même
saison, il arriva à madame Duprez, fort
souffrante de la gorge et des blessures de
vingt sangsues qu'on venait de lui poser,
d'être obligée de jouer le petit rôle d'*Azema*
dans *la Sémiramide;* nous étions alors trop
peu de chose pour qu'on entravât à cause
de nous les représentations de la diva.

La durée des saisons théâtrales, en Italie,
varie entre un et deux mois au plus. Ce

qu'on appelle un *impresario* n'est donc pas tout à fait ce que nous appelons en France un directeur; dans toutes les villes où il mène ou bien envoie les artistes que des engagements lui ont liés corps et âme pour un temps donné, il est soumis et subordonné à une direction locale supérieure à la sienne, représentée soit par une délégation de la ville, comme il en était à Como où Merelli nous envoya en qualité de premiers sujets, après la saison d'été passée à Milan; soit par un riche particulier comme à Varese; soit encore par une compagnie de riches négociants, comme celle du théâtre *del Carcano*, ou même de membres de la noblesse.

Presque partout, la réputation de gens bien élevés et d'artistes consciencieux que nous nous acquérions, ma femme et moi, nous faisait bien voir de ces hauts administrateurs et accueillir dans la bonne société. Il me souvient qu'à Como, où nous allâmes en premier lieu, les délégués de la direction

hommes du meilleur monde, venaient sans
façon nous voir à la sortie de la représentation, ou bien, à l'heure du dîner, nous
demander notre poulet accommodé à la française, ou nos champignons à l'huile *(trifolati)*
dont ils raffolaient.

Tandis que nous étions dans cette ville, la
Pasta, qui n'avait jamais oublié son pays
natal, vint y passer une partie de la belle
saison. Le soir, entourée d'amis, elle se
promenait en bateau sur le lac. Je l'y rencontrai et m'approchai d'elle pour la saluer.
Je la vis alors occupée à croquer de tout
petits poissons crus qu'elle aimait, disait-
elle, ainsi au naturel. Ce fut l'avant-dernière
fois que je me rencontrai avec l'illustre
cantatrice ; en 1830, je l'entendis chanter
la *Sonnambula* et l'*Anna Bolena*, qu'elle créait
à Milan avec Rubini ; puis je la perdis de
vue et n'en eus plus de nouvelles qu'à
l'occasion de la *Norma*, qui fut sa plus
brillante et sa dernière création.

De Como, nous passâmes à Varese. Là,

la haute administration du théâtre était entre les mains du duc Litta, avec lequel j'eus les meilleures relations. De son côté, la duchesse se montra charmante pour ma femme, et nous conservâmes de ce couple le plus agréable souvenir.

Nous créâmes à Varese *le Comte Ory,* opéra inconnu jusque-là en Italie et dans lequel nous obtînmes tant de succès, que nous fûmes par la suite demandés pour le jouer dans plusieurs villes de la Lombardie ; nous allâmes ensuite à Novare et enfin, pour la saison du carnaval et par des froids terribles, au théâtre San-Benedetto, à Venise.

Le thermomètre marquant dix-huit degrés au-dessous de zéro, il m'arriva de prendre un bain, bien involontaire, je l'atteste, dans le *Canale grande.* Au moment de monter en gondole, le pied me glissa et je fis un plongeon... On ne s'imagine pas de sensation plus désagréable. Lorsque mes bateliers me repêchèrent, trempé jusqu'aux os, glacé et

furieux, ils me proposèrent tranquillement
de me passer à l'autre rive comme si de
rien n'était. Sachant trop peu le dialecte
vénitien pour les envoyer convenablement
au diable dans leur langue, je me dédomma-
geai en débitant tout le répertoire connu
de jurements français, dont le sens ne parut
pas leur échapper, et je courus à la maison,
où un bon lit et force vin chaud m'eurent
bientôt rendu la chaleur. Je n'y passai pas
bien longtemps sans entendre mon directeur
Boccucci demander de mes nouvelles avec une
sollicitude d'autant plus sincère que je devais
chanter le soir même ; aussi, dès qu'il avait
appris mon accident, était-il accouru, inquiet
sur le sort de sa représentation. C'était un
vieux *castrone*, comme disent les Italiens,
dont le père, sans doute dépourvu des pré-
jugés du mien, avait permis l'entrée à la
chapelle Sixtine. Du bas de l'escalier jusqu'à
ma chambre, il poussait des lamentations en
voix de fausset : « *Ah ! il mio caro e povero
tenore ! è rovinato !* s'écriait-il. *Certo che non*

canterà sta sera e sarò rovinato anch'io !.. [1] »
Je ne pus m'empêcher de lui rire au nez à
l'aspect de son visage bouleversé, et je lui
promis de sauver sa recette. Triste recette,
hélas ! qui rarement dépassait vingt écus ;
car, il faut l'avouer, le pauvre théâtre San-
Benedetto, pendant cette saison-là, ne faisait
guère ses affaires. La concurrence du théâtre *della Fenice*, où brillait la Giuditta Grisi,
si fameuse jusqu'au moment où la réputation
de sa sœur Giulia fit oublier la sienne, nous
portait le plus grand préjudice ; tandis
qu'avec *I Capuletti e Montecchi*, opéra de
Bellini qu'on venait d'y créer, il attirait la
foule, nous grelottions tous à l'aise devant
notre grande salle plus d'aux trois quarts
vide.

Et cependant, comme pour donner raison
au consolant proverbe : « A quelque chose
malheur est bon », ce fut de ce voisin

1. Ah ! mon pauvre, mon cher ténor ! Il est ruiné ! Il ne
pourra certainement pas chanter ce soir, et je serai ruiné
aussi, moi !

redoutable que vint la cause première de
ma bonne fortune à venir. Lanari, le directeur de la Fenice, homme extrêmement
habile, toujours à la recherche de sujets *de
rapport*, si je puis m'exprimer ainsi, doué
d'un flair qui le trompait rarement, venait
souvent nous entendre et m'avait, paraît-il,
remarqué. Il n'en dit mot à personne; nous
n'eûmes même à Venise aucune relation;
mais il ne devait pas m'oublier, et nous
étions destinés à nous retrouver plus tard
pour le plus grand bien de tous deux. On
le verra.

Le printemps de 1830 nous revit à Milan,
madame Duprez et moi, chantant *le Comte
Ory* à la *Canobiana;* puis nous repassâmes
pour la saison d'été au *Carcano*, qui nous
avait vus débuter.

Paris était alors en pleine révolution. Dieu
sait avec quelle impatience nous étions à
l'affût de toute nouvelle venant de notre
cher pays! Mais s'en procurer n'était pas
chose facile; le gouvernement autrichien,

qu'un tel exemple effrayait, avait trop d'intérêt à en empêcher la contagion pour ne pas interdire la lecture des feuilles françaises; sa police faisait bonne garde, et il me souvient qu'un seul journal, introduit clandestinement, passa de mains en mains et fut lu avec avidité par toute la ville. Il en fut ainsi jusqu'à l'établissement de notre nouveau gouvernement.

De Milan, nous allâmes à Gênes. On le voit, les engagements ne nous manquaient pas; s'ils n'étaient pas très fructueux, ils nous permettaient du moins de nous tirer d'affaire; il me fut possible, avant de quitter Milan, de m'acheter une montre de *vingt-cinq francs*, luxe dont je m'étais privé jusqu'alors et pour cause!

Mais, à Gênes, je fus atteint d'une maladie qui me mit pendant dix-huit jours hors d'état de chanter. J'étais en scène dans *l'Italienne à Alger*, quand tout d'un coup, au beau milieu de mon grand air, j'éprouvai une secousse extraordinaire et tombai éva-

noui comme une masse. C'était la jaunisse
qui me prenait ainsi avec la spontanéité d'un
coup de foudre. Ma pauvre femme, obligée
de terminer son rôle sans pouvoir me porter
secours, m'avoua depuis n'avoir jamais sup-
porté une angoisse pareille.

Je me rétablis et nous continuâmes le
cours de nos pérégrinations. Nous allâmes
d'abord à Bergame, où commença mon amitié
avec Donizetti. Il était appelé dans cette
ville par son vieux maître J.-S. Mayer, compositeur fécond, justement célèbre en son
temps, et l'aidait à remettre en scène un
ouvrage donné pour la première fois à Padoue,
en 1805. Le titre de cet ouvrage était *l'Amor
conjugale*, et le sujet du *libretto* identique-
ment le même que celui du *Fidelio* de
Beethoven.

Je connaissais déjà Mayer. Il était venu à
Milan en 1829, pour faire représenter sa
Medea et un petit opéra bouffe au théâtre
del Carcano, où je chantais. Je le savais
aussi excellent musicien que grand ami de

la dive bouteille. Il nous donna de nouvelles preuves de cette dernière qualité au théâtre de Bergame. Il est juste de dire que notre chef d'orchestre ne lui cédait en rien sous ce rapport et que les subordonnés du chef d'orchestre se conformaient à ce double exemple avec une rare soumission. Bref, à la répétition générale, nous jouîmes sur la scène d'un spectacle burlesque : d'un côté, le pauvre Donizetti étayant à grand'peine son vieux maître à peu près gris ; de l'autre, le chef d'orchestre titubant sur son siège et battant des six-huit pour des trois-quatre ; enfin, autour de lui, tous les musiciens profitant de chaque pause, de chaque interruption, pour tirer de dessous leur chaise des *fiaschi* remplis de vin dont ils s'étaient munis et boire à qui mieux mieux !

Il paraît, du reste, que cette habitude était de tradition au théâtre de Bergame ; on y semblait avoir à cœur de justifier cet ancien proverbe : Que tous les musiciens sont amis de Bacchus.

Pendant ce temps, au théâtre *del Carcano*, une compagnie d'élite, où brillaient la Pasta, Rubini, Galli, Zuchelli, etc., etc., créait de beaux opéras, dont plusieurs sont restés au répertoire, entre autres *la Sonnambula* et l'*Anna Bolena*, de Donizetti et de Bellini, les deux compositeurs en vogue de ce temps. Pour terminer la saison, on voulut donner un opéra bouffe du premier de ces maîtres, intitulé : *Olivo e Pasquale*. Comme je venais de le chanter avec beaucoup de succès à Bergame, on me demanda d'en être l'interprète ; ce qu'ayant accepté, je fis pour la circonstance emplette d'un superbe pantalon blanc, car l'*Olivo* se jouait en costume de ville. Mais, hélas ! le public ne fit attention ni à mon pantalon, ni à ma personne, ni à la pièce elle-même ; il avait autre chose en tête et se réservait pour un autre spectacle.

Fort désappointé et d'une humeur détestable, je montai, après la représentation, dans la voiture qui, chaque soir, venait prendre les artistes pour les reconduire à

leur domicile. Dans un coin, tout encapu-
chonné et enseveli dans son manteau, se
trouvait un homme qui se mit à me com-
plimenter sur la manière dont j'avais chanté
mon rôle. Je lui demandai son nom ; il me
répondit qu'il s'appelait Rubini. Je me rencontrais pour la première fois avec le plus
célèbre ténor de l'Italie, et, tout en le remerciant de son compliment, je lui jurai de me
tenir désormais à deux cents lieues de son
dangereux voisinage.

L'année suivante, Rubini partit pour Paris.

Jusqu'ici, je m'étais borné au répertoire
de *tenorino*, par lequel j'avais commencé ma
carrière, mes rôles les plus forts ne s'élevant
pas au-dessus de ce que les Italiens appellent
le *mezzo carattere*. Bientôt un hasard me fit
aborder ce grand genre dramatique et déclamé
qui m'a valu mes véritables succès.

J'étais à Turin, lorsque le roi de Sardaigne,
Carlo-Felice, vint à mourir. Notre petit
théâtre d'Angennes se mit à la hauteur des
circonstances et fit sa petite révolution ;

au lieu de s'en tenir à l'opéra *buffa*, son genre habituel, il voulut terminer la saison par une *opera seria* ; en conséquence il monta *le Pirate* avec les époux Duprez pour principaux sujets. Tel fut mon premier pas dans le genre sérieux, et je l'accomplis si heureusement que j'en pus prévoir d'autres. *Le Pirate* eut à Turin dix-huit représentations, qui furent dix-huit succès.

C'est à ce moment que Lanari, qui depuis Venise n'avait cessé de me suivre de loin, s'adressa à moi pour chanter *Guillaume Tell*.

IV

Vicissitudes de *Guillaume Tell*. — J'ai l'honneur d'être choisi pour sauver cet opéra d'un grand danger. — La Pisaroni. — Un cocher italien. — Invention de l'*ut* de poitrine. — Le maëstro exilé. — Plaisirs innocents. — *Guillaume Tell* à Florence. — Que les femmes de directeurs ne doivent pas trop applaudir les pensionnaires de leur mari. — J'ai une montre pour de bon. Trieste. — Honneurs de la popularité. — *Anna Bolena*. — Naissance de Caroline Duprez. — Coup d'œil sur la *vieille garde*. — Anecdote d'un ténor bossu.

Lorsque *Guillaume Tell*, la grande œuvre de Rossini, fut créé à Paris, en 1829, le succès fut loin de répondre à l'attente de l'illustre maître. Pour une cause ou pour une autre, *Guillaume Tell* fut peu apprécié du public ; dès la seconde ou la troisième représentation, Nourrit, interprète du rôle d'Ar-

nold, supprima son grand air : « Asile
héréditaire », et : « Suivez-moi » ; je tiens
même de Troupenas, éditeur de Rossini, que
les planches gravées de ce beau morceau
furent détruites lors de la première édition
de la partition au piano. On ne les rétablit
qu'en 1837, lorsque je repris *Guillaume* pour
mes débuts. Peu à peu, on était arrivé à
n'en jouer que des fragments comme lever
de rideau, si bien qu'un jour Duponchel
rencontrant Rossini sur le boulevard et lui
annonçant qu'on donnait le soir le second
acte de son opéra avec un ballet dansé par
mademoiselle Fitz-James : « Vraiment, fit le
maëstro avec le sourire railleur qu'on lui
connaissait, vraiment ! tout ça !... »

Malgré ce succès négatif, Lanari, à l'époque où nous sommes, faisait traduire *Guillaume Tell* en italien, pour le représenter,
pendant la grande saison des bains, au
théâtre de Lucques, dont il était directeur.
Seulement, au lieu de faire chanter le rôle
d'Arnold par un ténor, comme il y était

destiné, il venait d'engager la Pisaroni pour
le remplir, et à cet effet avait commandé à
Romani le remaniement de la partition et la
transposition du susdit rôle, pour voix de
contralto. L'auteur, il est vrai, ne s'était
nullement prêté à ce bouleversement de son
chef-d'œuvre ; mais peu importait à l'entreprenant impresario. Il s'apprêtait donc à
exécuter un projet qui certainement eût été
la perte définitive de l'ouvrage, quand un
événement inattendu vint déranger toutes
ses combinaisons.

La Pisaroni revenait alors de Paris, où
elle avait remporté de véritables triomphes.
Elle avait eu cependant de la peine à s'y
faire accepter. Le soir de son premier début,
dans *Semiramide*, lorsqu'elle se retourna
après sa phrase : « *Eccomi al fine in Babilonia* »
qu'elle chantait en tournant le dos aux
spectateurs, la laideur de son visage avait
fait naître un murmure d'effroi dans toute
la salle ; mais, à la fin, l'élévation de son
talent l'emportant sur l'effet repoussant de

son visage, les Parisiens lui avaient maintes
fois manifesté leur admiration. Moins heureuse à Londres, où elle n'avait pu s'attirer
les sympathies du public, elle était revenue
en Italie et avait traité avec la direction de
la Scala, en même temps qu'elle signait un
engagement, pour la saison des bains de
l'année suivante, au théâtre de Lucques.

Mais les Milanais n'avaient point fait à la
cantatrice l'accueil qu'elle était en droit
d'espérer ; alarmée par ce quasi-échec, la
haute administration des villes où elle devait
ultérieurement chanter, Lucques et Florence,
signifia à l'impresario Lanari d'avoir à
rompre son engagement. Pour la Pisaroni,
ce fut le signal de la retraite.

Dans ces circonstances, Lanari songea à
moi pour le rôle d'Arnold, rétabli en sa
clef primitive. Je reçus ses offres, étant
encore à Turin. Elles n'étaient pas des plus
brillantes ; mais, pendant les dix premières
années de ma carrière, j'ai eu l'habitude,
peu conforme sans doute aux idées en cours

aujourd'hui, de mettre mes intérêts pécuniaires bien au-dessous de ceux de mon art et de ma réputation artistique. Aussi, bien persuadé, malgré le peu de chance qu'avait eue *Guillaume Tell* à Paris, qu'un rôle écrit pour un artiste tel que Nourrit, par un maître tel que Rossini, devait être un rôle supérieur, j'acceptai telles quelles les conditions que l'on me proposait, soit 1,800 francs pour une saison de quatre mois, dont deux à Lucques et deux à Florence. Je devais en outre prêter mon nom pour une représentation à bénéfice. Cette représentation fut donnée à Florence et rapporta à l'impresario plus que le prix total de mon engagement. Madame Duprez, alors enceinte, ne put être engagée avec moi.

Notre voyage de Turin à Lucques fut signalé par un incident si caractéristique des mœurs italiennes, que je ne puis m'empêcher de le rapporter ici.

C'était en plein jour et en plein été; il faisait une chaleur digne des tropiques; nous

étions à quatre dans le *vetturino* : un bourgeois,
un capucin, madame Duprez et moi. Nous
avions affaire à un voiturier vantard, qui ne
cessait de nous féliciter d'être tombés sur
lui et sur ses chevaux, les meilleurs de la
place, à ce qu'il affirmait. Cependant, comme
nous traversions une forêt située sur des
hauteurs alpestres, aux environs de la Spezzia,
ces merveilleux coursiers s'arrêtèrent au beau
milieu d'une clairière, sans que jurements
ni coups de fouet parvinssent à les faire bron-
cher. Le conducteur met alors pied à terre
et essaye de les tirer par la bride pour les
faire avancer : peine inutile. Il les frappe de
nouveau, les caresse, les embrasse, les supplie
comme des êtres humains : les chevaux se-
couent lentement la tête, soufflent, mais ne
bougent pas. Des bûcherons, à quelques pas
de là, voyaient toute cette scène, mais ils se
seraient bien gardés de porter secours au pauvre cocher, dont le désespoir semblait fort les
amuser. Alors notre homme entre en fureur,
il s'écrie qu'il avait bien prévu que ses chevaux

ne pourraient pas marcher, puisqu'il y avait
dans la voiture une femme enceinte, un acteur
et un moine; puis il a recours aux prières,
se jette à genoux, invoque tous les saints
du paradis.

Enfin, sur les quatre heures, une brise de
mer s'élève; l'atmosphère se rafraîchit, nos
bêtes se mettent en branle et impriment un
mouvement à la voiture. Aussitôt notre vantard pousse une exclamation de triomphe,
saute sur son siège, fait claquer son fouet: « Je
le disais bien, s'écrie-t-il, que mes chevaux
sont les meilleurs de la place! »

Nous arrivâmes à Lucques, dans la soirée,
par un orage épouvantable.

Je n'étais pas à l'hôtel depuis un quart
d'heure, que l'on m'apporta la copie de mon
rôle de la part de Lanari. Immédiatement je
m'en saisis, poussé par une vive et légitime
curiosité, et, sans prendre le temps d'ouvrir
mes malles ni de me changer, je le parcourus
d'un regard avide. Telle a toujours été ma
manière de procéder dans toute la durée de

ma carrière: me rendre entièrement compte de
mes rôles par un muet examen avant d'en
proférer une seule note. Les sentiments dont
j'étais pénétré, à mesure que la musique et
les situations de mon personnage se dérou-
laient dans mon imagination, se gravaient
alors profondément en moi, tels que je devais
les rendre et les communiquer au public
lorsque j'en serais à chanter devant lui. En
revanche, lorsque cette première lecture me
laissait sans émotion, j'étais à peu près sûr
de rester froid, ainsi que l'auditoire, lors de
l'exécution.

Cette fois, ce que j'éprouvai fut indicible.
A l'admiration que m'inspirait cette grande
et belle musique se joignit un véritable
effroi de la responsabilité que j'allais prendre.
Le premier récit, le duo du premier acte
avec sa phrase charmante : « O Mathilde!... »
puis le duo d'amour au second acte, rentraient,
il est vrai, dans la nature de mes moyens
et ne m'inquiétaient pas ; mais à ce qui suit,
à ce cri déchirant : « Mon père, tu m'as dû

maudire! » mais, à la dernière période du grand air, supprimé à Paris, rétabli dans la partition italienne, à ce « Suivez-moi » guerrier, terminé par une note à laquelle je n'avais jamais essayé d'atteindre, moi, *tenorino* d'hier, à peine mis au courant des habitudes dramatiques par un seul opéra sérieux, mes cheveux se dressèrent sur ma tête ! Du premier coup je le compris : ces mâles accents, ces cris sublimes, rendus avec des moyens médiocres, n'étaient plus qu'un effet manqué, partant ridicule. Il fallait, pour se mettre à la hauteur de cette énergique création, la concentration de toute la volonté, de toutes les forces morales et physiques de celui qui s'en ferait l'interprète.....

Eh! parbleu, m'écriai-je en terminant, j'éclaterai peut-être ; mais j'y arriverai !

Voilà comment je trouvai cet *ut* de poitrine qui me valut, à Paris, tant de succès, trop peut-être ; car, enfin, qu'est-ce qu'un son, sinon un moyen d'exprimer une pensée? Qu'est-ce qu'une note, sans le sentiment qu'elle colore et dont elle est animée?...

Les principaux sujets étaient, avec moi, la Ferlotti, la basse Porto et le baryton Cosselli, que j'avais connu à Milan. Pendant que nous répétions sous la direction de notre *maëstro al cembalo* Quillici, un beau grand garçon venait presque chaque fois nous entendre et, couché sur un divan avec la paresse d'un *lazzarone*, applaudissait chaque phrase de cette musique dont il était épris. Ce jeune homme était *il maëstro* Marliani, dont on a connu à Paris deux ouvrages, les seuls, je crois, qu'il ait eu le temps de donner : *la Zacarilla*, composée spécialement pour le Grand-Opéra, et *il Bravo*, créé aux Italiens et chanté par moi à Naples.

A Lucques, au moment de la création de *Guillaume Tell*, Marliani se trouvait dans une situation singulière. Mêlé à je ne sais quelles intrigues politiques, il avait été condamné à l'expulsion par le gouvernement toscan. Mais, comme on le voit, il ne se pressait guère d'obéir au décret prononçant sa condamnation ; ses amis le pressaient de partir, craignant qu'il ne s'exposât à quelque mauvaise affaire avec la police toscane ; mais nous le revoyions chaque jour sur son divan, aussi tranquille que la veille. A la fin, pourtant, il se décida à s'expatrier, vint à Paris où je le revis quelques années plus tard et y resta jusqu'en 1849, époque à laquelle son amour pour les mouvements politiques l'entraîna à Bologne, où il se fit tuer.

Le succès que nous obtînmes avec *Guillaume Tell* fut très grand, et j'éprouvai une sorte de satisfaction intime qui me redonna le goût de distractions paisibles depuis longtemps oublié.

Je repris l'amour très vif de la pêche à la ligne, que je n'ai pas abandonné depuis, sans préjudice des autres modes de pêcher. A Lucques, mon hôte ou *padrone di casa* était un honnête orfèvre adonné à la même passion. Par les nuits sans clair de lune, nous nous dirigions tous deux, après la représentation, vers le canal qui conduit à l'Arno; puis, montés dans une toute petite barque avec un jeune garçon pour nous aider, armés chacun d'une fourche, nous faisions la pêche au brochet, la pêche aux flambeaux.

Quand elle était heureuse, nous rentrions triomphants à la maison; nous réveillions nos jeunes femmes, on faisait vite la friture et l'on soupait gaiement.

Heureux âge, où l'on peut ainsi unir le plaisir au travail sans que la santé, sans que la voix s'en ressentent!

Au mois de septembre, notre compagnie quitta Lucques pour Florence. La société de dilettanti qui fréquentait le joli théâtre de la Pergola nous attendait impatiemment, sur le bruit des succès que nous venions d'obtenir à Lucques avec la pièce nouvelle. Les répétitions furent donc menées à la vapeur, ce qui est d'ailleurs une coutume en Italie. La dernière fut animée par un incident dont j'étais le héros; Lanari savait déjà ce dont j'étais capable et, en habile homme, il songeait nécessairement à m'attacher à lui aux conditions les plus économiques possible. Aussi, tout en souhaitant que j'eusse du succès, n'était-il pas content, lorsque du personnel même du théâtre je recevais de trop vifs témoignages d'approbation; et cela arrivait assez souvent. Il n'osait pas toujours en témoigner sa mauvaise humeur; mais comme il ne pensait pas avoir besoin de se gêner avec sa femme, ce fut elle qui paya pour les autres. Cette pauvre Carlotta Lanari, qui n'était pas venue à Lucques, m'écoutait, si je puis le dire, bouche béante, en se récriant tout haut sur la chance qu'avait eue son seigneur et maître de rencontrer un pareil ténor. Tout d'un coup, ses exclamations furent interrompues par une belle paire de soufflets, destinés à lui apprendre que la modération dans les éloges accordés aux artistes est la première vertu des femmes de directeurs.

Le public ratifia, Dieu merci, le jugement de la Carlotta Lanari, sans encourir la même punition.

La Pergola était le premier théâtre d'importance sur lequel j'abordais un rôle dramatique. Il est à remarquer que c'est à partir du moment où je me livrai à ce grand genre dans de grandes salles que ma voix gagna en puissance et en étendue. Ce n'est donc ni à l'influence du doux ciel d'Italie, comme l'ont cru souvent les personnes qui ont bien voulu s'occuper de mes moyens vocaux, ni à l'application d'un de ces systèmes comme il s'en invente tant aujourd'hui, qu'il faut attribuer ce développement de mon organe ; mais à une bonne santé, à une poitrine solide, à l'habitude de chanter largement dans de vastes salles. Ma voix a pris de la passion dans la passion même. Je n'ai jamais pu dire : « Je t'aime » ou : « Je te hais », sans éprouver une émotion de tendresse ou de violence. Cela me rappelle qu'un de nos grands peintres, amateur passionné de musique et renommé comme dessinateur plus que comme coloriste, Ingres lui-même, ne pouvait m'écouter, à ce qu'on m'a dit, qu'à la condition de fermer les yeux.

Au commencement du carnaval, Schütz, directeur à Trieste, m'y appela pour jouer *la Muette de Portici*. Avant mon départ de Florence, fut donnée une représentation à mon bénéfice, stipulée dans mon engagement. A cette occasion, le prince Demidoff m'envoya en souvenir une superbe montre qui laissa bien loin derrière elle ma fameuse *toquante* de vingt-cinq francs.

Le gouvernement autrichien excluait du théâtre tout ce qui pouvait réveiller le sentiment de la liberté dans le cœur de ses sujets italiens. En conséquence, le poème de *la Muette* avait dû subir un remaniement complet pour que la police en permît la représentation à Trieste. On n'avait pu toutefois le transformer au point de lui enlever complètement ses allures patriotiques; et

5.

j'ai su depuis que le bailleur de fonds du théâtre, se trouvant à Vienne quelques années après, fut fort inquiété à cause du succès de *la Muette*. Il est vrai que ce succès fut immense; il me valut pour ma part un triomphe de popularité. J'eus l'agrément de voir mon image, imprimée sur les mouchoirs de soie dont on se servait alors, grimacer suivant les plis de l'étoffe dans toutes les boutiques où se débite ce genre de marchandises.

Tandis que ceci se passait, Lanari montait de son côté l'*Anna Bolena* avec la basse Salvatore, Caroline Ungher et le célèbre ténor Davide, engagés spécialement pour cette pièce. Mais, malgré le talent de ces artistes, l'œuvre de Donizetti ne réussit pas dans la capitale de la Toscane. Alors Lanari fit un coup hardi. Il me rappela à Florence pour le Carême et reprit *Anna Bolena* en me chargeant du rôle de Percy, abandonné par Davide. Certes, la preuve de confiance qu'il me donnait était éclatante, mais bien lourde la responsabilité que je prenais : nous n'eûmes pourtant à nous en repentir ni l'un ni l'autre. Telle fut à partir de ce moment la réputation de l'*Anna Bolena* que, pendant deux années consécutives, on nous demanda cet opéra dans toutes les villes où nous allâmes.

Le printemps de 1832 fut heureux pour moi. Le 10 avril, madame Duprez accoucha d'une fille. Caroline Ungher fut sa marraine et lui donna son nom. Le public parisien n'a pas encore, j'espère, oublié Caroline Duprez.

J'interromps ici le récit de mes propres faits et gestes, pour donner un souvenir aux bons camarades dont pendant plusieurs années j'ai partagé les travaux, les voyages, et avec qui j'ai formé ce que l'*impresario* Lanari appelait « sa vieille garde ». Hélas! de toute cette joyeuse et brillante compagnie, je suis aujourd'hui le dernier survivant!

A tout seigneur tout honneur. Nous commencerons par le directeur Lanari, dont le caractère tout entier peut se résumer en deux traits : posséder les meilleurs sujets au plus bas prix possible ! On peut juger par le récit suivant des stratagèmes qu'il employait parfois pour arriver à ses fins.

Après mon succès dans *Anna Bolena*, Lanari songea à m'attacher à lui par un de ces engagements à l'italienne, qui lient corps et âme un artiste à un *impresario* pour un certain nombre d'années, lui faisant abdiquer en faveur de cet *impresario* toute volonté, toute initiative personnelle. De mon côté, je trouvais certains avantages à un pareil pacte qui me retirait pour un temps donné le souci des affaires, en me livrant aux mains d'un homme capable de diriger et de soutenir de toutes ses forces un véritable artiste.

Lors donc que Lanari me donna rendez-vous pour me parler de cette affaire, j'allai chez lui avec empressement. Je le trouvai dans son bain. Bien qu'il n'eût aucune res-

semblance avec le terrible Marat et que sa
maladie, tout incommode qu'elle fût, ne
ressemblât certes pas à celle du trop fameux
terroriste, il était obligé, par régime, à de
fréquents séjours dans l'eau tiède. Comme
on le voit, cela ne l'empêchait pas de s'occuper de ses intérêts... au contraire ! Aussitôt qu'il me vit, il me fit asseoir et me
demanda quelles seraient mes conditions
pour l'engagement dont nous avions à nous
entretenir.

J'exposai alors mes prétentions, bien
modestes, je vous assure ; mais Lanari me
laissa à peine achever : « Bon Dieu ! est-il
possible, mon cher Duprez, s'écria-t-il, que
tu me demandes des choses pareilles ? Mais
tu ne vois donc pas dans quel état je suis ? »
J'essayai de lui faire une observation ; il
reprit aussitôt d'une voix lamentable :
« Hélas ! tu veux me faire mourir, je le vois
bien ! Un pauvre directeur qui souffre tant !
le tourmenter comme cela ! Vois plutôt !... »
Et bon gré, mal gré, je vis !

Enfin, moitié par compassion, moitié parce que, ayant envie de rire, j'étais désarmé, j'en arrivai de concession en concession à l'engagement qu'avait projeté l'astucieux *impresario*, c'est-à-dire trois ans à trente mille francs, pour madame Duprez et moi.

Trente mille francs ! c'est bien peu, dira-t-on. C'est peu, en effet, même eu égard aux exigences bien moindres de cette époque-là ; mais qu'aurais-je fait, à moi tout seul, avec le peu d'entente que j'avais des affaires, et connu depuis trop peu de temps encore pour avoir vis-à-vis des directeurs les exigences que permet l'autorité d'un nom? Si Lanari fit un bon marché en m'engageant, je n'ai de mon côté, jamais regretté d'avoir traité avec lui.

On le voit par ce qui précède, Lanari était alors dans une position fort satisfaisante ; mais il n'en avait pas toujours été ainsi. Pendant bien des années, directeur dans de petites localités, il avait tiré le diable par la queue. Notre camarade Cosselli s'était trouvé avec lui dans ces moments critiques, et sa fortune avait subi les hauts et les bas de la bourse de son directeur.

Or, les bas étant beaucoup plus fréquents que les hauts, il arriva qu'un jour, après avoir longtemps attendu l'échéance de ses appointements, il crut devoir adresser une réclamation à l'*impresario* en personne : « Ah ! ça, lui dit-il, est-ce que tu ne vas pas me payer mon *quartale ?* — *Ah ! caro*, répond l'autre, je n'en ai pas seulement le montant dans ma poche ! — Eh bien ! la moitié ? — Je ne l'ai pas. — Mais je n'ai pas le sou ! s'écrie Cosselli. Voyons, ne peux-tu me donner dix livres ? — Hélas ! non. — Cinq ? — Pas davantage ! — Enfin, dit Cosselli, en poussant un soupir de résignation, donne-moi toujours la moitié du tabac qui est dans ta tabatière. » Ce fut tout ce qu'il obtint.

On a vu comment je me trouvai chanter

l'*Anna Bolena* avec la Ungher, après que Davide eut quitté la partie. Caroline Ungher était une femme douée de fort grandes qualités dramatiques qui la firent percer en dépit d'une voix défectueuse. Elle avait été choriste à l'opéra de Vienne en même temps que la Schütz, ma camarade à l'Odéon et que je revis à Florence, ainsi que madame Sontag dont je n'ai pas besoin de rappeler la célébrité. Nous eûmes bientôt fait connaissance et restâmes fort liés tout le temps de notre séjour en Italie, après qu'elle eut été la marraine de ma fille. Ce fut elle qui me présenta à Meyerbeer.

L'illustre maître venait de donner *Robert le Diable* à Paris. Il visitait cette Italie qu'il connaissait déjà, et, en passant à Florence, il vint faire une visite à la cantatrice allemande qui se hâta de nous réunir. Meyerbeer me fit quelques compliments, puis il ajouta : « Ce n'est pas la première fois que nous nous voyons. — Comment cela ? dis-je, très surpris. Je connais bien vos œuvres,

votre *Marguerite d'Anjou*, votre *Crocciato*,
votre *Robert*..; mais quant à votre personne,
mon cher grand maître, je ne crois réellement pas... — Bah! bah! vous avez donc
oublié le passage du mont Cenis, en 1825,
et notre conversation sur la musique? —
Eh! quoi, m'écriai-je, c'était vous, maître!
Et vous m'avez laissé ignorer votre nom?
Eh bien, permettez-moi de vous demander
pardon de tous les propos que je vous ai
tenus! Mes prétentions à la critique musicale,
à dix-huit ans, ont dû vous faire hausser
les épaules. » Meyerbeer sourit en disant
que je l'avais beaucoup intéressé. Cependant
il ne me fut pas très favorable, lorsque,
quelques années après, je dus entrer à
l'Opéra.

Au nombre des membres de notre compagnie fut admise, dans cette même année
1832, une jeune chanteuse du nom de Tacchinardi.

Son père avait été un ténor de grand
nom, quoique excessivement laid et quelque

peu bossu. On raconte de lui que, lors de ses premiers débuts à Rome, le public voyant apparaître un amoureux si mal tourné, refusa de le laisser chanter. Alors Tacchinardi, sûr de son talent, s'avança sur le bord de la scène, et, après un instant de silence : « Je ne suis pas venu ici, dit-il avec sang-froid, pour me faire voir, mais pour me faire entendre !

— Eh bien ! lui cria-t-on, va te faire entendre dans la coulisse. » Pourtant, on se décida à l'écouter, et, quand on l'eut écouté, on l'applaudit !

Mademoiselle Tacchinardi débuta à Livourne. Ses débuts furent brillants. Toute notre compagnie, Lanari en tête, alla encourager ses premiers pas, et quelque temps après, elle devint une des nôtres. A peu près dans le même moment, Lanari amena à Florence deux toutes jeunes filles qu'il avait prises, l'une à l'école de danse de Milan, l'autre à l'école de Naples. En choisissant parmi tant d'autres ces jeunes artistes, Lanari donna une des plus grandes preuves de son instinct artistique. En effet, toutes deux étaient destinées à devenir des étoiles dans le firmament de la danse : on n'a oublié à Paris ni la Ceritto, ni la Carlotta Grisi.

V

Ce fut pendant le carême de 1833, à Florence, que je créai pour la première fois un
grand rôle; car *Guillaume Tell,* joué à Paris
d'abord, ne peut compter au nombre de mes
créations. Ce rôle fut celui de Ugo, dans *la*

Parisina de Donizetti ; composé spécialement pour moi, il unit la grâce et l'élégance du genre léger, dans lequel je m'étais exercé au début de ma carrière, aux qualités élevées de l'*opera seria* qui me réussissait si bien depuis dix-huit mois, et semble le trait d'union entre ces deux genres.

A partir de cette époque, se forma entre Donizetti et moi une amitié qui dura autant que la vie de ce cher et regretté maître. Dans cette même ville de Florence, il écrivit pour moi un autre ouvrage, *la Rosmunda d'Inghilterra* ; puis il partit pour Paris où il fit exécuter *Marino Faliero*, la même année que Bellini donna ses *Puritains*. Quelques mois après, je le retrouvai à Naples. « Mon cher Duprez, me dit-il alors, je suis en train d'écrire pour toi un opéra dont tu me diras de bonnes nouvelles ! » Il écrivait *Lucie*, et, bien des fois, dans le cours de son travail, il me consulta sur tel ou tel morceau ; aussi m'appelait-il plaisamment son *ciabattino* (savetier), parce que je lui faisais changer ou ajouter, tantôt une phrase, tantôt une mesure ou quelques notes. Par exemple, la grande scène du dernier acte, qui termine l'opéra, finissait comme tous les grands airs possibles: je lui conseillai la reprise du thème principal par les violoncelles sous les sanglots et les plaintes entrecoupées d'Edgar. Il fut si satisfait de l'idée, qu'il la mit à exécution aussitôt et m'envoya tout ce grand morceau, copié de sa main, pour me demander mon approbation. J'envoyai l'approbation et gardai l'autographe, au bas duquel le compositeur avait tracé ces mots en patois napolitain : *E t'accidi, e caddi, ma caddi solo; che se io cadrò, sarò di già caduto.* (Et tu te frappes, et tu tombes, mais tombes tout seul; car si moi je devais tomber, je serais tombé déjà.)

Après la malheureuse fin de Nourrit, dans les premiers mois de mon engagement à l'Opéra, Donizetti vint à Paris, apportant avec lui son *Poliuto* (Polyeucte, ou les Martyrs). Nous reprîmes nos relations amicales.

C'était un homme d'un caractère sympathique, d'un commerce agréable, connaissant sa valeur et n'en tirant point vanité, doué d'une imagination féconde et sans cesse en activité ; car il ne pouvait avoir quatre vers dans sa poche qu'il ne les mît en musique, debout, marchant, mangeant ou se reposant. Je possédais son estime et sa confiance. Il m'a souvent avoué combien il avait souffert dans son orgueil de compositeur à Paris. Il n'y fut jamais traité selon ses mérites. A l'Opéra-Comique, j'ai vu moi-même l'insuccès, presque la chute de sa *Fille du Régiment*. Dieu sait combien de temps il fallut à *la Favorite* pour être conservée. Lorsqu'il donna *Dom Sebastien*, aucune tracasserie, aucune contrariété ne lui fut épargnée. Il se plaignit amèrement à moi de ce qu'on ne l'avait pas même prévenu de la reprise de *Lucie* sous la direction de Léon Pillet.

Hélas ! c'était bien peu de jours avant sa mort ; aussi amoureux des plaisirs des sens que des travaux de l'imagination, il usa dans cette double existence toutes ses facultés physiques et morales.

Lorsque je vis l'une de ses crises pour la
première fois, ce fut chez lui, dans son
cabinet. J'avais renversé un encrier sur le
tapis : je me courbai, en pestant contre ma
maladresse, et, lorsque je me relevai, je
regardai Donizetti... le croyant un peu fâché,
parce qu'il n'avait pas prononcé une parole. Il
riait, d'un air idiot qui me fit froid au cœur.
L'année suivante, son cousin Accursi dut le
faire entrer dans la maison de santé d'Ivry.
J'allai l'y voir. Il pouvait à peine se soutenir. Je cherchai à faire jaillir une étincelle
de cette grande intelligence éteinte ; je lui
parlai du passé, de son pays, de ses œuvres
que j'avais animées ; je lui chantai un fragment de sa chère *Lucie*... « Attends, attends,
fit-il, je vais t'accompagner ! » Je crus un
instant avoir secoué cette horrible torpeur.
Il se mit au piano... ses mains inertes tombaient au hasard sur les touches, il avait
repris son air hébété. C'était affreux !...

A quelque temps de là, on le fit partir pour Bergame, sa ville natale, où il mourut (avril 1848).

Aucun service ne fut célébré en son honneur, aucune marque de sympathie ne lui fut accordée dans cette ville de Paris, où l'on avait joué et applaudi ses plus beaux ouvrages.

Mais revenons en Italie, à ces beaux jours où la *vieille garde* et son général Lanari marchaient de triomphe en triomphe.

La compagnie étant nombreuse, notre directeur la partageait en deux troupes, dont l'une allait à droite, l'autre à gauche. Nous passions une saison de plusieurs mois tantôt ici, tantôt là ; puis nous revenions à Florence comme à notre quartier général. Pour ma part, je fus envoyé avec madame Duprez, de 1832 à 1834, à Sinigaglia, Lucques, Sienne ; à Fuligno, qui venait d'être en partie détruite par un tremblement de terre, à Rome et Livourne. Presque partout nous chantions notre éternelle *Anna Bolena*, toujours goûtée,

6

I Normanni a Parigi, notre *Comte Ory*, *le Pirate*, etc.

L'une des représentations de ce dernier ouvrage, à Sienne, je crois, fut égayée par un incident comique qui n'échappa point au public. Au premier acte, le pirate Gualtier a une entrevue avec sa bien-aimée Imogène. Celle-ci lui apprend en tremblant qu'elle est mariée et mère d'un jeune enfant qui l'accompagne. Gualtier, transporté de fureur, saisit cet enfant et s'apprête à l'immoler. Déjà la tendre victime embrasse le genou gauche du pirate et va recevoir le coup fatal, lorsque la mère se jette aux pieds de son amant et implore sa pitié avec des accents si touchants, qu'il s'attendrit et consent à lui rendre le fruit de ses entrailles. Mais, arrivé là, j'ai beau tirer sur le moutard pour le remettre à Imogène (ma femme), qui me tend des bras désespérés, impossible ! Ses cheveux, son costume, sont si bien embrouillés dans mon terrible glaive, que je ne peux plus l'en dépêtrer ! Je le

dégage enfin, et le tends à sa pauvre mère…
O comble d'infortune ! dans la bagarre, la
tunique de la jeune victime s'est relevée
comme pour laisser croire qu'elle vient de
recevoir une correction à l'ancienne mode.
Le public éclate d'un immense fou rire.
Nous-mêmes ne pouvons résister à l'entraîne-
ment général. La scène gagna en gaieté,
mais y perdit son caractère pathétique.

Ces sortes d'aventures ne sont point rares
au théâtre, quoique souvent les détails en
échappent au public, qui s'en égayerait par
trop. Je me souviens, entre autres choses,
de ce qui m'arriva en chantant *la Parisina*
avec la Ungher. Je lui demande, en ma
qualité d'amoureux, un gage de sa tendresse, un souvenir des doux moments
passés ensemble… Elle me tend son mou-
choir qu'elle a au préalable porté à ses
lèvres adorées… Je le couvre d'ardents
baisers… Horreur !.. elle a craché dedans…
Je ne puis retenir une exclamation : « Oh!
la malpropre », ou quelque chose de pis.

La Ungher se pince les lèvres et continue sa cabalette.

Ces voyages d'une ville à une autre, nous les faisions presque toujours de nuit et en calèche découverte, *notre* calèche ! Le prince Poniatowski, dans l'un de ses voyages à Vienne, avait accepté la commission de nous faire faire une voiture et de nous la ramener. Nous n'étions plus les pauvres artistes trop-heureux de trouver cent francs par mois au théâtre *del Carcano*. Mais cette manière de voyager, si confortable qu'elle parût à cette époque où il n'y avait pas de chemins de fer, n'était point sans inconvénient ; en revenant de Fuligno, à la fin de 1833, j'attrapai une véritable extinction de voix qui, durant plusieurs jours, me retint à la chambre.

Je ne pus cependant pas attendre la fin de cette indisposition. On m'appelait à Florence pour jouer *la Norma* avec la Schütz ; je me trouvais encore sous la fâcheuse influence de mon extinction de voix lorsque je débutai. Pourtant tout alla bien.

La Norma était alors dans sa primeur. La Pasta l'avait créée l'année précédente à Milan, pendant une de mes saisons de Florence.

Giulia Grisi, encore au début de sa carrière, devait chanter auprès d'elle le rôle secondaire, mais important, d'Adalgisa. Lanari, avec qui elle était engagée, l'avait cédée tout exprès à la direction de la Scala sous peine d'un dédit considérable si elle se retirait. Mais la Pasta était d'un voisinage difficile; elle prétendait régner en souveraine absolue, ne souffrant à côté d'elle personne qui pût provoquer une comparaison. Giulia Grisi ne tarda pas à souffrir de ce caractère tyrannique. Un jour que nous étions en répétition à la Pergola, nous vîmes arriver notre *impresario* Lanari si hors de lui, si bouleversé et si comique dans son effarement, que nous lui partîmes d'un éclat de rire au nez. Le pauvre diable

s'arrachait les cheveux; il venait de recevoir
la nouvelle que Giulia Grisi s'était enfuie de
Milan à la veille de la première représentation de *la Norma*. Les directeurs ne
savaient où donner de la tête et intentaient
un procès à Lanari. Il ne restait donc à ce
dernier que la ressource de poursuivre à
son tour la belle fugitive; mais celle-ci n'eut
garde de se laisser reprendre, elle vint en
France où sa belle voix et son charmant
visage la rendirent en quelques jours l'idole
du public parisien.

Je n'étais pas guéri de mon enrouement
lorsqu'il me fallut partir pour Rome. Je
devais y chanter *la Norma* avec la Ronzi.
C'était la première fois que j'allais me faire
entendre dans l'ex-capitale du monde, et
certes je n'étais point sans inquiétudes.
Les Romains, très jaloux de leurs connaissances musicales, n'admettent guère les
réputations qui se sont faites hors de chez
eux. Je succédais aux Nozzari, aux Davide
père et fils, au grand Rubini; c'était plus

qu'il n'en fallait pour justifier mes appréhensions !

Je me sentais fort ému lorsque je fis mon entrée, au premier acte d'*Anna Bolena*; mais dès les premières phrases de la cavatine : *Dà quel dì che l'ei perduta*, mon inquiétude disparut : un tonnerre d'applaudissements retentit. Pour continuer l'analogie, ce fut un véritable orage d'enthousiasme... Je n'ai revu et entendu chose pareille que le soir de mes débuts à l'Opéra.

Dans les jours qui suivirent, il sembla que je dusse payer la joie de mon succès par la crainte de perdre ma voix. L'enrouement dont j'avais un instant triomphé reparut. Il me fallait un effort de volonté qui se renouvelait chaque soir pour arriver à la fin de mon rôle; j'y réussissais, et si au commencement je ne chantais pas comme je l'aurais voulu, ma voix, s'échauffant peu à peu, me permettait de m'en tirer à mon honneur; mais le lendemain matin je ne ne pouvais plus parler. Enfin, la jeunesse,

mon excellent tempérament, finirent par
triompher du mal, et la saison d'hiver se
termina aussi brillamment qu'elle avait
commencé.

Notre célèbre peintre Horace Vernet était
à ce moment directeur de l'Académie française de Rome. Je fis sa connaissance et
celle de notre compositeur Ambroise Tho-
mas, qui venait de remporter son grand
prix de composition et que je vis pour la
première fois chez le poète Ferretti. Je
retrouvai là aussi le vieux Neukomm, jadis
élève de Joseph Haydn. Il m'avait entendu
chanter à l'école Choron, quand je commen-
çais à *ténoriniser*. On imagine le chaugement
qu'il trouva dans ma voix, et il répétait à
tout propos qu'il n'en pouvait croire ses
oreilles. Neukomm était alors attaché à la
maison du prince de Talleyrand. Il ne se
passait pas de jour qu'il ne composât quelque morceau. Il en écrivit un à mon intention et me le dédia.

Je ne dirai point mon admiration pour les

monuments de Rome, trop de gens en ont parlé mieux que je ne saurais le faire; mais je ne puis taire la déception musicale qui m'attendait à la chapelle Sixtine. Sur la recommandation de mon vieux maître, je tenais à me rendre compte de la musique de cette chapelle si célèbre et je me préparais à ouïr des merveilles... Je levai les épaules avec un sourire de pitié, et je bénis mon père de son énergie pour protéger ma voix.

Je revenais toujours joyeux à Florence, où j'avais d'agréables connaissances, notamment celle de la famille Poniatowski, dont un membre, Giuseppe Poniatowski, s'est fait connaître comme compositeur et fut particulièrement mon ami.

Il m'arriva dans cette ville de faire, sans le savoir, de la musique avec une personne de l'illustre famille de Metternich. C'était à un retour de voyage; nous prenions possession, ma femme et moi, d'un appartement retenu pour nous à l'avance par des amis;

les fenêtres étaient ouvertes, je parcourais
les chambres. Tout d'un coup j'entendis,
venant d'une maison voisine, une voix de
soprano qui chantait fort bien, ma foi! la
première phrase d'un duo de mon répertoire.
Je ne pus me retenir de m'approcher de la
fenêtre, de donner la réplique; le soprano
répondit à son tour; bref, nous achevâmes
ensemble le morceau. Je ne cherchai pas à
savoir le nom de ma *partner* improvisée, et
ce n'est que bien plus tard, à Paris, que je
le découvris.

Je connus dans la ville des Médicis le
grand romancier écossais sir Walter Scott,
avec qui je me trouvai un jour en rivalité,
dans la boutique d'un marchand de curiosités,
pour l'achat d'un bronze florentin dont je
donnai deux écus de plus que lui; je trouvai,
dans un de mes séjours, le spirituel écrivain
Méry, et le fameux pianiste Thalberg.

Ce dernier vint, comme l'avait fait Meyerbeer, voir sa compatriote la Ungher.

Un soir, assez tard, mon aimable camarade entra brusquement à la maison, accompagnée d'un homme que je ne connaissais pas. Elle me le présenta comme un pianiste de grand talent et de grande réputation : « Il n'a pas pu faire de musique chez moi, dit-elle, mon piano est trop mauvais. Si le vôtre vaut mieux, cela vous procurera le plaisir d'entendre M. Thalberg.

—Voilà mon épinette, dis-je ; mais je crains qu'elle ne soit indigne du grand artiste que vous m'amenez. » Thalberg regarda l'instrument et refusa d'y toucher. « Voulez-vous que nous cherchions ailleurs ? » demandai-je. Et, ma proposition acceptée, nous voilà successivement chez Cosselli, chez Lanari, etc., etc. Mais tous avaient des *casseroles* du même genre que la mienne, et Thalberg n'étant à Florence que pour vingt-quatre heures, il repartit sans que nous l'eussions entendu.

Quant à Méry, je n'eus pas à cette époque le plaisir de faire sa connaissance ; nous ne nous vîmes que de loin, sans savoir l'un et l'autre qui nous étions. Méry, amené par la famille Bonaparte à la première représentation de *Rosmunda d'Inghilterra*, crut entendre un Italien. Ma manière de chanter lui plaisant, il poussa d'un bout à l'autre du spectacle des exclamations admiratives sur le talent expressif des gens nés sous le ciel d'Italie. « Ah! disait-il, ce n'est pas un Français qui chanterait cela avec cet accent! Quel feu! quelle âme! Il n'y a décidément que ce pays-ci pour faire des artistes! » La famille Bonaparte le laissait dire et s'amusait.

Ce ne fut qu'à la fin de la soirée qu'on lui cria, tandis qu'il applaudissait à tout rompre: « Votre Italien s'appelle Duprez! c'est un Parisien! »

A l'automne de 1834, je quittai Florence pour n'y revenir que longtemps après.

Les théâtres royaux *del Fondo* et de *San-Carlo*, à Naples, venaient d'être réunis sous une même direction. La *Société anonyme de l'industrie et des Beaux-Arts*, composée exclusive-

ment des membres de la noblesse, en avait
l'entreprise. Sous son administration, tout
ce que l'Italie possédait de chanteurs remarquables parut sur les deux grandes scènes
napolitaines: ce furent les ténors Salvi,
Winter, Pedrazzi, Moriani; les *prime donne*
Ronzi, de Bégnis, Albini, Malibran; les basses
Lablache, Coletti, Ronconi, Ambroggi,
Crespi, Frezzolini Luzio; enfin toute notre
vieille garde, momentanément cédée à la
Société de l'Industrie et des Beaux-Arts par
Lanari et comprenant alors: Mesdames
Ungher, Tacchinardi (devenue madame Per-
siani) et Alessandrina Duprez; mes cama-
rades Cosselli et Porto, et moi.

Nous débutâmes par *la Parisina*, dont le
succès fut immense. Le roi Ferdinand VII,
qui assistait à la représentation, daigna donner lui-même le signal des applaudissements.
C'était une faveur extraordinaire; aussi l'administration du théâtre nous conseilla-t-elle
d'aller dès le lendemain en remercier
Sa Majesté. Nous nous rendîmes au palais

le matin suivant. Mes camarades décidèrent
en chemin que je porterais la parole en leur
nom.

« Un discours en français, dirent-ils, ça fera
très bien. » Je me mis aussitôt en devoir de
rédiger une belle phrase pour remercier
Sa gracieuse Majesté de l'insigne marque de
bienveillance dont elle avait bien voulu
récompenser les humbles efforts de ses ser-
viteurs, etc., etc.

Mais je n'eus point le loisir d'étaler mon
éloquence ! Le roi, tout botté, tout ganté,
raide et fier, la main appuyée sur une table
dans l'attitude d'un souverain qui pose pour
un portrait historique, nous accueillit avec
un léger mouvement de tête, laissa tomber
quelques mots décousus : *«Parisina... Opera...
bravi...* » fit un signe à l'huissier et nous
congédia.

Au bout de quelques semaines passées à
Naples, nous fûmes envoyés en représentation à Livourne, avec Lablache. Nous jouâmes
le Mariage secret, *le Barbier* et notre réper-

toire habituel toujours si appplaudi : *Parisina,
Anna Bolena, Norma,* etc.

Ce fut à une représentation de ce dernier
ouvrage que je fis la connaissance de la
Malibran, alors de passage à Livourne avec
Charles Bériot, son mari.

Pendant un entr'acte, nous étions, madame
Duprez et moi, dans notre loge, lorsqu'une
femme y entre précipitamment, et, d'une
voix pressante, me supplie de me retirer un
moment. Je sors à la hâte ; quand je rentrai,
ma femme me dit : « C'est la Malibran : elle a
mangé trop de *frutti di mare* [1], avant le spectacle et... elle est venue me demander de
l'assister... »

Le lendemain, nous reçûmes sa visite. Elle
nous témoigna en riant sa gratitude. Ma
femme l'avait sauvée, nous répéta-t-elle,
d'une situation intolérable... Telle fut l'origine, peu poétique, il faut en convenir,
d'une intimité qui ne fit que s'accroître. La

1. Fruits de mer, petits coquillages de la Méditerranée.

Malibran quitta Livourne et vint à Naples peu après, pour les représentations de gala de *la Norma*.

Je chantai avec elle cet opéra, et le soir même je pris un rhume qui, le lendemain, me mit hors d'état de parler. Je dus me coucher. La seconde représentation étant affichée, la Malibran, le directeur, les membres de l'administration supérieure, vinrent me supplier de ne pas la faire manquer. Je me levai. « Seulement, leur dis-je, faites bien sceller les banquettes du parterre ; autrement le public napolitain, dont vous connaissez l'aménité, me les jettera à la tête. » En effet, pour me payer de ma complaisance, à la fin de ma cavatine, deux mille sifflets me saluèrent. Je les supportai bravement et rentrai chez moi la conscience tranquille d'un homme qui a fait son devoir de camarade, sinon d'artiste.

Pendant près d'une semaine, je restai dans mon lit. Pour me consoler de ma mésaventure, la Malibran m'apporta des joujoux, et, pour me guérir, des remèdes homœopathiques dans lesquels elle avait confiance.

A la fin de la semaine, je fus en état de reprendre mon rôle. Dans la matinée de ce jour-là, Barroilhet, qui passait par Naples allant à Palerme, vint me voir et je lui contai l'avanie qu'on m'avait faite. « Mais, ajoutai-je, je compte joliment prendre ma revanche ce soir ! » Cela ne manqua pas. Lorsque j'entrai en scène, majestueusement drapé dans ma toge, je vins me planter devant la rampe, pris un petit temps comme pour défier les spectateurs ingrats par lesquels j'avais été si injustement traité ; puis je commençai ma cavatine. Un tonnerre d'applaudissements couvrit la note finale.

Les Napolitains, s'ils n'ont point changé, sont le public le plus démonstratif de la terre, et en même temps le plus capricieux.

La pièce la plus désirée par eux à son apparition et la mieux reçue ne peut supporter sans accident plus de trois ou quatre représentations consécutives. Il me revient à la mémoire une anecdote qui en donne bien la preuve :

On traduisit et l'on joua *le Mari de la veuve* d'Alexandre Dumas, qui, pendant deux soirs, excita un véritable enthousiasme.

Sur ces entrefaites, Dumas arrive à Naples ; il vient nous voir. « Mon cher, lui disons-nous, il faut absolument que vous assistiez au triomphe qu'on vous fait à propos de votre comédie. La troisième a lieu aujourd'hui ; venez avec nous, vous verrez quel engouement !... »

C'était Ruolz et moi qui lui tenions ce langage. Dumas se laissa faire ; nous l'emmenons.

Pendant les trois quarts de l'acte, tout va bien ; du parterre au paradis, on n'entend que des applaudissements ; mais, vers la fin du spectacle, quelques sifflets se font entendre, puis d'autres, puis tout un charivari !

Le public tout simplement disait adieu à la pièce, avertissant ainsi la direction qu'il en avait assez et qu'elle eût à varier l'affiche pour les jours suivants.

Dumas riait jaune. « Drôle de triomphe ! » disait-il.

Pour moi, je subis encore un accident du même genre quelques mois plus tard, en chantant la *Parisina*. Mon rôle commençait par ces mots: *Si, son io !...* Sur cette première syllabe *si*, je ne sais comment je m'y pris; en guise de note, je lâchai un des plus majestueux *couacs* qui soient jamais sortis d'un gosier humain. Je ne prétends pas qu'on dût me couvrir de bravos, mais on me siffla aussi cruellement que si j'eusse chanté pour la première fois ! Il était difficile alors de me déconcerter; je n'ai appris la crainte du public qu'à Paris. Je fis tout bonnement signe à l'orchestre de s'arrêter et je repris mon: *Si, son io !* d'une voix éclatante. On applaudit.

En somme, durant mon séjour à Naples, je n'eus pas à me plaindre du public. Seul, peut-être, un homme me fit constamment

une opposition dédaigneuse et systématique.
Cet homme, c'était le perruquier de San
Carlo. Il ressemblait un peu à Rubini et de
là venait sans doute son culte exclusif pour
cet artiste, son mépris pour tous les autres
ténors. A mon égard, cette aversion se
manifesta dès le jour de mes premiers débuts.
Il se promenait dans la coulisse, tandis que
j'étais en scène, et haussait les épaules en
entendant le public m'applaudir : « *Va,
canta, Francese*, grommelait-il, *canta ! Mai
tu non vorrai un flato del mio Rubini !* (Chante,
va, chante, Français ! Jamais tu ne vaudras
un... zéphyr de mon Rubini !)

Après son immense succès dans *la Norma*,
la Malibran, chargée d'un rôle dans un opéra
plutôt français qu'italien par le style, fut
englobée dans la disgrâce de cet ouvrage,
pour lequel n'étaient point faites les oreilles
napolitaines. Elle en conçut quelque aigreur.
Peu après, le maëstro Persiáni (mari de la
Tacchinardi) ayant voulu la charger d'un
rôle dans *Inès de Castro*, qu'il venait d'écrire,

elle commença, sous l'influence de sa récente
contrariété, par s'y refuser. Elle en tournait
même la musique en ridicule. Je trouvai le
procédé peu généreux, peu digne surtout
du caractère d'une pareille femme. Sans
être grand ami de Persiani, je pris parti
pour lui contre la cantatrice. Un jour que
devant moi elle se laissait aller à son humeur
railleuse, je saisis la partition d'*Inès* et me
mis au piano. « Si vous chantiez cela avec
cette conviction, dis-je en chantant moi-
même un fragment, vous verriez que cela
ne ferait pas rire ! » La Malibran était
profondément artiste ; il suffit de ce mot
pour la faire revenir d'une injuste préven-
tion ; elle joua en conscience l'*Inès de Castro*.
Tel fut même notre succès, tel fut l'enthousiasme avec lequel le public nous rappela
à la fin de chaque acte, que la police crut
devoir y mettre un terme, ces fréquents
rappels fatiguant Mesdames et Messieurs
de la Cour. En conséquence, il fut fait
un décret défendant aux artistes de repa-

raître plus d'une fois au baisser du rideau.

Après ces triomphes et d'autres obtenus dans la *Sonnambula,* que nous jouâmes aux deux théâtres *il Fondo* et *San-Carlo,* la Malibran repartit, et je ne la vis plus qu'à Paris, bien peu de temps avant sa mort (1836). Elle avait failli périr à Naples même, un jour que sa voiture fut renversée, sur la promenade de la Chiaja, par un troupeau de porcs. Elle en avait été quitte pour une blessure au bras.

C'était une adorable femme, une grande artiste, admirablement douée comme voix, comme intelligence, une organisation d'élite et très cultivée; en même temps une nature originale, presque excentrique. « Vous verrez, me disait-elle quelquefois, quand vous irez à Paris, vous verrez, j'ai une petite sœur qui est encore plus musicienne que moi ». Elle ne se trompait pas : cette petite sœur fut madame Viardot.

La Malibran venait à peine de quitter

Naples, lorsque Lanari vint chercher sa *vieille garde* pour faire une saison à Ancône. Sur notre chemin, entre cette ville et Naples, est situé Terni, petit poste militaire et fortifié de la Romagne. Nous y arrivâmes de nuit. Nous voyagions tous dans nos voitures particulières, et par la poste. Au bruit des grelots de nos chevaux, des fouets de nos postillons, la herse s'abaissa, les portes s'ouvrirent, le préposé militaire vint à notre rencontre et, chapeau bas, nous demanda quelles Excellences il fallait annoncer à Son Excellence le Gouverneur. Mais, sur notre réponse que nous étions tout bonnement des chanteurs en tournée théâtrale, il changea brusquement de ton, se recouvrit en homme qui regrette ses respects, nous demanda brusquement nos passeports ; puis, s'adressant à ses subalternes : « Ce ne sont pas des grands seigneurs, cria-t-il, ce ne ne sont que des artistes !... *Tutta canaglia !* »

L'occupation française nous suivit de près à Ancône. Je l'avoue, depuis environ

sept ans que je n'avais revu mon pays, la
vue du drapeau tricolore et de l'uniforme
de nos soldats me fit étrangement battre le
cœur. Si épris que je fusse du beau ciel
des Italiens, j'éprouvais un irrésistible désir
de revoir la France et les amis que j'y avais
laissés. Aussi tout ce qui me la rappelait
me causait-il un véritable bonheur.

Qu'on juge donc de ma joie en assistant
à la scène suivante, où se peignait si bien
le caractère de notre troupier français, —
ce type vraiment national et unique, —
qu'elle eût excité la verve d'un Daumier,
d'un Cham, ou encore du moderne M. Ran-
don.

Plusieurs *pioupious* nous avaient été prêtés
pour nous servir de figurants; l'un d'eux
avisa une vigoureuse Romaine chargée du
balayage de la scène; elle remplissait ses
fonctions avant l'heure du spectacle. Toujours galant envers le sexe faible, notre
militaire s'approche de cet échantillon de
beauté italienne et veut s'emparer de son

balai. La Romaine ne comprend pas, défend son balai. Le pioupiou s'entête. La balayeuse se fâche, répond des injures italiennes aux douceurs françaises, puis tout à coup se sert de son arme et fait pleuvoir une grêle de coups sur le tourlourou stupéfait, qui se laisse battre.

Je revins encore une fois à Naples, avec le reste de notre compagnie; car les contrats de Lanari avec la direction supérieure de *San-Carlo* et *del Fondo* duraient encore; mais l'engagement qui me liait moi-même avec Lanari expirant le 1er mars 1836, je résolus d'en profiter pour prendre quelque repos et pour revoir la France.

Une grande affection cependant m'avait été enlevée : mon excellent maître, mon bienfaiteur, Alexandre Choron, n'était plus! Son école avait été supprimée après la révolution de 1830, en dépit des remontrances des hommes les plus compétents, notamment de Rossini, avec qui, depuis longtemps, Choron s'était réconcilié. Pour mon pauvre maître, ce fut un coup dont il ne se releva pas. Il mourut le 29 juin 1834, dans sa soixante-deuxième année.

Deux ans encore, et il aurait eu la joie et la surprise de me voir à l'Opéra! Certes, il n'avait jamais prévu une telle destinée pour moi, en dépit de sa pénétration; car il me répétait bien souvent, dans ma jeunesse, que j'aurais peut-être une jolie voix et à coup sûr un beau sentiment, mais que si je me mêlais seulement de donner un coup de poignard sur la scène, je ferais rire tout le monde.

Sa prophétie trouva un démenti dans *Otello*. Il eût été bien heureux, le digne homme, s'il avait pu s'en convaincre par lui-même. Quant à moi, je n'ai jamais cessé de le regretter, et je suis heureux de rendre ici ce dernier hommage à sa mémoire.

VI

Propositions pour retourner en France. — Départ de Naples.
— Court séjour à Paris. — Retour en Italie. — Voyage
accidenté. — Nouveaux pourparlers avec le directeur de
l'Opéra. — Nouveau voyage à Paris. — Nourrit quitte
l'Opéra. — Ma réponse à Duponchel. — Quelques mots sur
Adolphe Nourrit. — Digression sur le récitatif. — Je
retourne à Parme et à Florence. — Bénédiction toscane.
— Adieux à l'Italie.

Dix-huit mois à peine s'étaient écoulés
depuis mes débuts en Italie, lorsque je fus
pour la première fois sollicité de revenir en
France. L'Opéra-Comique ne m'offrait rien
moins que dix-huit mille francs, pour madame Duprez et pour moi ; mais, bien que
nous n'en gagnassions alors que huit mille,
je repoussai ces propositions. Ma carrière

italienne était commencée brillamment;
j'en tirais de l'honneur, et j'étais résolu à
la poursuivre. D'ailleurs, j'en voulais à
l'Opéra-Comique de m'avoir si injustement
et si indignement expulsé; il ne me déplut
pas de prendre ma revanche. Je refusai.

Pendant l'un de mes séjours à Florence,
après le grand succès de *Guillaume Tell*, le
directeur du Grand-Théâtre de Lyon me fit
offrir trente mille francs, pour moi et pour
ma femme. Je répondis au chef d'orchestre
de ce théâtre, et, le remerciant d'une insistance très flatteuse pour moi, je lui déclarai
nettement ma résolution de ne quitter l'Italie
que pour chanter sur une des grandes scènes
de notre capitale.

C'est dans les mêmes dispositions que je
partis de Naples, au mois de mars 1836.

Mon départ de cette ville fut retardé d'une
façon bien inattendue : la veille, j'avais joué,
avec Ronconi et la Persiani, *il Bravo* de
Marliani, opéra dans toute sa nouveauté,
que nous avions seulement chanté quatre ou

cinq fois. J'étais sur le point de m'embarquer, lorsqu'on vint me dire que la Cour voulait encore entendre une fois le *Bravo*, dont le succès avait été immense, et qu'à cet effet, j'étais invité à prolonger d'un jour mon séjour à Naples; seulement, comme on n'avait pas le droit de me faire manquer le courrier de France, puisque mes engagements étaient terminés, le départ du bateau était lui-même reculé de vingt-quatre heures.

Quelques jours après, nous rentrions, ma femme et moi, commodément installés dans notre propre voiture, à Paris, d'où nous nous étions éloignés sept ans auparavant, pauvres, découragés, sans ressources. Nous descendîmes à l'hôtel de Castille, au coin du boulevard et de la rue Richelieu.

J'y reçus bientôt la visite de notre célèbre compositeur Halévy. Il venait de la part de M. Duponchel, directeur de l'Académie royale de musique, pour s'informer de mes prétentions, en cas d'engagement. Cette démarche n'avait rien d'étonnant, les répu-

tations artistiques s'étendant toujours d'un
pays à l'autre. Le nom que je venais de me
faire en Italie était donc aussi connu à Paris
que dans toutes les villes où j'avais chanté;
en outre, cette foule de compositeurs, qui
d'Italie arrivaient sans cesse dans notre capitale et dont j'avais toujours été l'interprète
heureux, les Bellini, les Donizetti, les Merca-
dante, n'avaient pas manqué de parler de moi
aux directeurs des grandes scènes parisien-
nes, tels que Severini, Crosnier, Duponchel.

Ce dernier, principalement, avait les
oreilles rebattues du récit de mes exploits
par Henri de Ruolz. Celui-ci était un de mes
bons amis: il n'avait pas encore inventé la
manière de gagner de l'or en faisant de l'argent, il se contentait d'écrire des opéras;
j'avais créé sa *Vendetta* à Naples, et nous
nous y étions beaucoup liés. — Henri de
Ruolz, donc, me prônait fort auprès de Duponchel. De son côté, Rossini, se souvenant
que *Guillaume Tell* me devait pour ainsi dire
une seconde existence, ne tarissait point en

éloges sur celui qu'il appelait son collaborateur. Malgré tant d'illustres soutiens, mes négociations avec l'Opéra n'aboutirent point. Duponchel déclara exorbitantes les demandes que je lui adressai par l'intermédiaire d'Halévy. Je puis affirmer pourtant qu'elles égalaient à peine celles que tout ténor d'un mérite au-dessus de la médiocrité se croit en droit de faire aujourd'hui.

Dans cette circonstance, Meyerbeer ne fut pas au nombre de mes défenseurs. La seule marque de bon souvenir que j'obtins de lui fut l'envoi d'une stalle pour la quatrième représentation de ses *Huguenots*.

Voyant que l'on n'acceptait point mes conditions, décidé cependant à ne faire aucune concession sur des appointements que je jugeais fort raisonnables, je contractai, par correspondance, de nouveaux engagements avec Lanari et repartis au bout de deux mois. Mais, cette fois, je repartis seul, madame Duprez demeurant avec ses enfants dans ma famille.

Lanari m'attendait à Livourne ; il ne m'y laissa pas longtemps. Presque aussitôt, il m'envoya à Vicence pour la saison d'été. Je devais faire ensuite celle d'automne à Trieste, mais le sort en décida autrement.

Mon voyage de Livourne à Vicence fut des plus accidentés. Le choléra venait de se déclarer en Lombardie et déjà faisait rage. Pour se préserver de la terrible contagion, les différents gouvernements qui se partageaient alors la Péninsule avaient établi des cordons sanitaires tout autour de leurs États. La circulation d'un de ces États à l'autre en était naturellement rendue fort difficile.

Parti de Livourne avec mon domestique pour toute compagnie, par trente degrés de chaleur, je traversai un bout de la Romagne et franchis les limites du Lombard-Vénitien. La première localité de ce royaume où je parvins fut Rovigo. Là je m'informai des ravages de l'épidémie. Les nouvelles qu'on m'en donna me parurent si peu rassurantes, que j'hésitai à continuer ma route,

et ne la poursuivis qu'en maudissant mon
endiablé directeur. J'atteignis Padoue. Là ce
fut bien autre chose ; on ne parlait que
d'enterrements à la douzaine. Sachant que
mon ancienne camarade la Schütz chantait
en ce moment dans cette ville, je résolus de
lui rendre visite. J'allai chez elle le matin,
je vis la porte ouverte, j'entrai ; il n'y avait
personne pour me recevoir. Je pénétrai
dans une pièce, puis dans une autre ; toujours
personne et un silence de mort. Le frisson
commença à me saisir. Enfin je parviens
au fond de l'appartement, je me vois dans
une chambre où il y a un lit, et, dans ce lit,
j'aperçois une femme étendue... Je reste
pétrifié !... Un grand éclat de rire me tire
de ma stupeur. « Bon Dieu ! fait la Schütz
(car c'était elle), je ne suis pourtant pas
en train de rire ce matin ; mais vous avez
une figure si drôle, que je n'ai pu m'en empêcher. — Ah çà, lui dis-je, qu'est-ce qui s'est
donc passé dans votre maison ? — Hélas !
me répond-elle, ma pauvre sœur est morte

hier ; on vient de l'emporter. » La Schütz me répéta alors ce qu'on m'avait dit dans le pays, que le choléra redoublait tous les jours d'intensité, qu'il était plus fort à Padoue qu'à Rovigo, à Vérone qu'à Padoue, à Vicence qu'à Vérone. Ce fut le comble ! J'envoyai aussitôt au diable mon engagement et, remontant en voiture, revins en toute hâte du côté de la frontière. Mais à Legnano, par où je comptais passer pour entrer ensuite dans les États de Modène, on m'arrêta : mon passeport, très bon pour aller du sud au nord, ne valait plus rien, du moment que je changeais mon itinéraire. Je dus en conséquence revenir jusqu'à Vérone pour m'en faire délivrer un autre, puis redescendre de nouveau jusqu'à un hameau limitrophe, dont j'ai oublié le nom. Là on me mit en quarantaine dans une affreuse bicoque ; je m'y trouvai avec une jeune dame de la cour de Vienne qui se rendait en Toscane. J'essayai de me distraire en jouant le grand seigneur auprès d'elle pendant deux jours, au bout desquels on vint nous dire que l'épidémie augmentant, le duc de Modène interdisait l'entrée de ses États à tous venants de Lombardie.

Force était de se résigner. Tout en faisant contre mauvaise fortune très mauvais cœur, je me réintégrai dans ma voiture, qui, pour le coup, me conduisit à destination ; mais sur le chemin, ayant dû faire une station à Mantoue, je m'y trouvai juste à temps pour ressentir la secousse d'un violent tremblement de terre. C'était l'année des calamités.

Ainsi qu'on me l'avait annoncé, le choléra sévissait furieusement à Vicence. Le premier exemple que j'en eus me fut fourni par l'hôtesse chez laquelle j'étais descendu. La bonne dame insistait pour me retenir dans sa maison, sous prétexte qu'il y régnait un très bon air et qu'il n'y mourait personne. Malgré ses assurances, je la quittai pour m'installer dans le logement qu'on m'avait retenu. Vingt-quatre heures après, la pauvre femme était emportée par le terrible fléau.

Je dois le dire, jamais de ma vie je n'ai
été moins brave que pendant cette épidémie.
La terreur qu'elle me causait fut bientôt
connue au théâtre. Un soir que je chantais
Lucie, on vint dire au délégué de la ville,
qui faisait aussi partie de la commission
de salubrité, qu'au lieu de cinq morts sur
lesquelles on comptait, il y en avait eu huit
dans la journée, et que l'on manquait de
bières. « Pour l'amour de Dieu ! s'écria-t-il,
n'en parlez pas au ténor, il serait capable
de ne pas aller au bout de son grand
air. »

Ce fut sous l'empire de cette frayeur que,
pour ne pas m'en aller à Trieste, où le
choléra régnait également, j'écrivis de
Vicence à Duponchel, reprenant moi-même
l'initiative des pourparlers entamés avec
Halévy. Sur sa réponse, qu'il était prêt à
conclure mon engagement aux conditions
par moi posées, je pris sur-le-champ la
route de Paris, laissant le directeur de
Trieste libre de m'intenter un procès, si

bon lui semblait. Il n'y manqua pas, et il
eut gain de cause, comme c'était justice.

Entre Duponchel et moi, les questions
d'intérêt précédemment traitées furent
réglées facilement; restait la question artistique. Nourrit était alors en pleine possession du beau répertoire qu'il avait créé.
Dans ce répertoire, deux pièces étaient à
peu près délaissées : *la Muette*, qui comptait
sept ou huit années d'existence et ne faisait
plus recette; et *Guillaume Tell*, dont on sait
déjà l'histoire. Ce fut de ces deux pièces-là,
souvent chantées par moi avec bonheur en
Italie, que je me contentai pour mes débuts,
laissant à mon collègue Nourrit la jouissance
de toutes ses brillantes créations, et exigeant
seulement que les créations à venir fussent
à tour de rôle confiées à lui et à moi.
Toutes ces choses étant convenues, je partis
pour Nantes, où m'appelait le mariage de
mon frère Édouard.

Je n'y avais point passé quinze jours,
que ma femme m'écrivit de revenir en hâte,

M. Duponchel me réclamait à cor et à cris
et me cherchait partout. J'accourus aussitôt
auprès de mon nouveau directeur; il m'accueillit d'un air absolument bouleversé :
« Mon cher, s'écria-t-il, savez-vous ce qui se
passe? Nous sommes dans une position
désolante. M. Nourrit nous quitte, et il va
jusqu'à déclarer que, même si vous vous
effrayiez de la responsabilité que vous
assumez par son départ, si vous rompiez
votre engagement, il ne faudrait pas davantage compter sur lui. » Il me disait tout
cela du ton d'un homme qui n'eût pas été
fâché que je me rétractasse immédiatement.
Je ne fis pas mine de m'en apercevoir.
« Eh bien, lui répondis-je, mon cher directeur, si M. Nourrit vous quitte, je prendrai
les rôles de M. Nourrit. Je ne vous ai pas
demandé des appointements de premier
ténor pour ne rien faire. Depuis que j'ai
traité avec vous, la presse parisienne s'occupe
de moi; je me dois à moi-même, je dois à
la réputation que je me suis faite en Italie

de ne point m'avouer vaincu avant d'avoir engagé le combat. Je chanterai donc à l'Académie royale, DUSSENT LES BANQUETTES SE DRESSER CONTRE MOI OU LE LUSTRE ME TOMBER SUR LA TÊTE. »

Ma fermeté rassura Duponchel. Dans cette fermeté, il n'y avait de ma part ni animosité contre le chanteur que j'avais failli avoir pour collègue et qui préférait me céder la place, ni satisfaction de rester seul maître du répertoire de l'Opéra. Bien au contraire, le peu de relations que j'avais eues avec Nourrit ne m'avaient inspiré pour lui que de l'estime, comme homme et comme artiste, et je le savais trop aimé du public, trop soutenu par la presse, pour ne pas comprendre qu'il serait par-dessus tout dangereux de passer pour vouloir le détrôner.

Adolphe Nourrit était élève de Garcia; c'est donc à bonne école qu'il avait appris l'art dans lequel il a brillé. Avant lui, son père avait, pendant bien des années, rempli

l'emploi de premier ténor à l'Opéra. Je me
rappelle l'avoir souvent entendu rue de
Richelieu, blotti derrière la contre-basse du
père Chénier, vieux musicien qui me faisait
entrer avec lui à l'orchestre, et suivant sur
la partition, avec une attention édifiante, la
musique que l'on exécutait : *Orphée*, *Œdipe*,
ou *Iphigénie*. — Il ne fut pas difficile à
Adolphe de prendre la succession de son
père, auquel il ressemblait fort au physique,
et qu'il dépassait de beaucoup par le talent.
Je l'entendis maintes fois, aux débuts de
sa carrière, dans les ouvrages traduits de
Rossini, tels que *Moïse*, *le Comte Ory*; dans
sa belle création de *la Muette*, et de tant
d'autres rôles. Quant à lui, premier sujet
brillant et favorisé de l'Académie de musique,
il est probable qu'il ne fit guère attention
à un deuxième ou troisième ténor de l'Odéon.
En somme, personnellement, je le connus
très peu.

Mais je connus et appréciai son talent.

Nourrit était un artiste consciencieux et

sympathique; il disait bien; dans son chant,
il me fit toujours l'effet d'apporter moins de
tendresse sentie que de fougue et de chaleur.
Sa voix tenait de ce qu'on appelait jadis la
haute-contre, s'étendant très haut dans un
registre mixte. Lorsque le hasard me plaça
en antagonisme avec lui, je savais bien que
l'émission de cette voix blanche et quelque
peu gutturale n'avait aucun rapport avec celle
que je m'étais formée; je savais encore que
je me servais du récitatif tout autrement que
lui et les chanteurs qui m'avaient précédé,
car il était d'usage alors de le débiter
plutôt que de le chanter : on le considérait,
si je puis risquer cette comparaison, comme
une passerelle pour aller d'un morceau à un
autre; moi, au contraire, je voyais dans le
récit la partie solide, indispensable à l'action,
essentielle à bien exprimer, servant de base
au morceau vocal, dans lequel la mélodie,
l'harmonie et le rythme l'emportent nécessairement sur les paroles. Mais, en mettant
en pratique ces idées, cette manière, qui

8.

étaient miennes, je n'avais nullement pour
but d'infliger un blâme à mes prédécesseurs,
particulièrement à l'artiste de talent auprès
duquel je m'étais cru appelé à paraître;
encore moins voulais-je le supplanter ou le
forcer à quitter la place. Ce fut donc avec
courage, mais avec regret, que j'appris la
décision prise par Nourrit d'abandonner
l'Opéra.

Je le laissai donner ses dernières représentations à Paris, tandis que je retournais
moi-même en Italie pour parfaire mes engagements avec Lanari. Je ne chantai que
dans deux villes : à Parme, où je reçus de
l'impératrice Marie-Louise, veuve de Napo-
léon Ier, une fort belle bague, et à Florence,
où tant de fois déjà j'étais venu et revenu.
Je quittai avec chagrin ce théâtre de la
Pergola, si plein de souvenirs heureux pour
moi, et dont les échos eussent pu me
répéter tant d'applaudissements. J'entendis
pour la dernière fois, dans le langage
accidenté et avec leur accent florentin, ce

singulier salut des employés : « *Benedetta
sia la madre che t'ha* HA-HA-TA ! » On pourrait
traduire cela, en le poétisant beaucoup, par
ces mots : « Bénie soit la mère qui t'a.....
donné le jour ! »

Tel est le dernier souvenir qui se rattache
à ma belle carrière italienne.

Je m'embarquai à Livourne le 20 mars
1837, disant adieu à ce pays, qui avait vu
naître ma prospérité, ma réputation, mes
beaux jours, et que je ne devais plus
revoir.

VII

Quarantaine. — Je chante devant Duponchel. — Avant mes
débuts. — Propos flatteur d'une figurante sur ma personne.
— Avis donné par Alexis Dupont. — Répétition générale.
— Encouragement conjugal. — Ma première de *Guillaume
Tell* à l'Opéra. — Effet de talons. — Effet de chant. —
Bonheur ! — Débuts et reprises diverses. — Un pari gagné
contre Meyerbeer. — Mort de Nourrit. — Conséquences du
bonheur d'être père. — *Les Martyrs.* — Une réponse
de Rossini.

Embarqués par un temps calme, nous
fûmes assaillis par une tempête si violente,
que je crus un moment le ciel opposé à mon
entrée à l'Opéra. Nous arrivâmes à Marseille,
et là on nous mit en quarantaine, parce que le
choléra régnait encore en Italie. J'occupai
ces jours de réclusion à redire les paroles

françaises de *Guillaume Tell* ; emporté par mes habitudes, je ne pouvais me défaire des paroles italiennes. Je déclamais souvent sur le pont, au grand étonnement des matelots, qui me prenaient pour un insensé. Enfin, la quarantaine eut un terme, et je pus prendre le chemin de Paris.

Je m'y trouvai peu de jours avant que Nourrit le quittât. Je me gardai bien d'assister aux dernières représentations de cet artiste, surtout à celle de ses adieux ; j'avais trop besoin de conserver toute ma fermeté, et les marques de regrets accordées à celui dont j'allais prendre la place n'auraient pu qu'amollir mon courage, en m'inspirant pour mon propre succès de vives inquiétudes.

Cependant Duponchel se plaignait un peu de m'avoir engagé, comme on dit, chat en poche, sans connaître le son de ma voix. Pour lui donner satisfaction, mon ami de Ruolz nous invita tous deux à déjeuner chez lui. Après le déjeuner, je me fis entendre dans divers morceaux à mon directeur, qui se déclara très content. « Je ne suis pas musicien, me dit-il; mais, quand vous chantez ça me remue. » Il convoqua ensuite pour m'entendre toute la presse. Je dis devant cette *assemblée*, avec Massol, le duo de *la Muette*. Cette présentation solennelle me valut la bienveillance de messieurs les journalistes au moins pour le moment.

Ce n'est pas sans une violente appréhension que l'on se présente pour la première fois devant un public tel que celui de l'Opéra de Paris. Pour moi, sans doute, grâce aux circonstances qui accompagnaient cette apparition, l'appréhension devait être plus grande encore que pour tout autre ; aussi les moindres faits qui l'ont précédée sont-ils restés gravés dans ma mémoire.

Je savais que mon triomphe ne pouvait être dû à ma personne physique. Un petit incident, quelques jours avant la répétition générale, m'eût d'ailleurs enlevé toute illusion à cet égard, si j'en avais eu.

Durant un entr'acte de ballet, Halévy et moi nous parcourions le théâtre, bras dessus bras dessous, derrière le rideau, pendant que plusieurs artistes de la danse se mettaient en jambes. L'une d'elles, une belle figurante qu'on appelait ordinairement la grande S..., s'arrête tout d'un coup, et, nous regardant passer : « Quel est donc celui-là ? demanda-t-elle à une camarade en me désignant. — Eh bien ! c'est le nouveau ténor, celui qui remplace Nourrit ; on dit qu'il a des appointements formidables. — Bah ! répliqua la grande, ce crapaud-là ? C'est pas possible, il est bien trop laid !... »

A la première répétition, le meilleur de mes camarades, Alexis Dupont, me donna une autre espèce d'encouragement : « Est-ce ainsi, me demanda-t-il à la fin du premier acte, est-ce ainsi que vous comptez dire les récitatifs ? — Oui, répondis-je. — Je vous préviens que le public parisien ne goûtera point vos innovations ; il aime ses habitudes. — Eh bien, mon cher Alexis, j'essayerai de les changer. » Dupont prit alors le bras de notre camarade Wartel, et lui dit en haussant les épaules : « Le pauvre garçon, s'il chante comme cela, il n'en a pas pour longtemps. » J'entendis ces paroles décourageantes, mais je tins bon.

La salle était comble le soir de la répétition générale. Dans toute cette foule, où je comptais plus d'un ennemi, peut-être n'avais-je pas un seul ami. Pour se prononcer en ma faveur, les mieux disposés attendaient. Le personnel même de l'Opéra, les chœurs, l'orchestre, tous partisans de Nourrit, qui avait su se faire beaucoup aimer, me regardaient d'un assez mauvais œil : je le savais. Bien que je ne fusse point d'une nature facile à effaroucher, je me sentis mal à l'aise.

Je portais un habit vert à boutons d'or. Après mes premières phrases, il se fit autour de moi un murmure confus, indescriptible, que je pris pour une désapprobation. Sûr de ma voix, je tâchai de me persuader que

la couleur ou la coupe de mon habit avait
déplu à l'auditoire. Cependant, à l'issue de
la répétition, mon directeur me déclara que
tout marcherait à souhait. Moi-même je pus
m'apercevoir que si mes ennemis de tout
à l'heure me demeuraient hostiles, quelques
indifférents s'étaient déclarés en ma faveur.
Cela me donna du courage. Dès lors, je
n'affirmerai point que je me crus assuré du
succès, — personne ne peut se croire certain
de réussir, — mais à la conscience de ma
valeur se joignit le calme que donne la résolution de vaincre l'injustice et l'hostilité.

Madame Duprez manquait de sang-froid.
Depuis le jour où j'avais signé mon
engagement, la terreur ne l'avait pour ainsi
dire pas quittée; elle ne fit que s'accroître
à mesure que l'heure solennelle approchait.
En partant pour le théâtre, je la laissai
dans des transes mortelles... « Va, me dit-
elle, va, mon ami! va à la boucherie! » Ce
fut tout l'encouragement que je reçus de
ma pauvre femme.

Ceci se passait le 17 avril 1837.

Jamais, depuis sa création, *Guillaume Tell* n'avait attiré pareille assistance dans la salle de l'Opéra. La curiosité du public, excitée depuis six mois par les articles des journaux, allait donc enfin se satisfaire! Six mois, c'est long pour les Parisiens! Aussi, lorsque j'apparus sur le haut de ma montagne, après l'introduction du premier acte, ne distinguai-je qu'un formidable ensemble de lorgnettes braquées sur moi. Je supportai bravement ce premier assaut de curiosité et descendis en scène; mais à peine y fus-je que, me retournant pour parler aux braves Suisses qui m'entouraient, j'entendis un petit rire étouffé circuler dans toute la salle : c'étaient les talons à l'aide desquels mon directeur avait à toute force voulu me grandir qui provoquaient l'hilarité. Je fis néanmoins bonne contenance, tout en me promettant de me retourner le moins possible.

Une fois seul en scène, l'épaisseur du

silence qui se fit m'effraya. Je chantai le récit : *Il me parle d'hymen, jamais*, etc. De même qu'à la répétition générale, une sorte de frou-frou, dont je ne compris pas le sens, l'accueillit du haut en bas de la salle, et j'entamai mon duo avec le baryton (Dérivis fils), sans savoir si j'avais plu où si j'allais échouer. Il faut le dire, j'eus peur!... Mais après la phrase : *O Mathilde, idole de mon âme!*... le doute ne me fut plus possible, un tonnerre d'applaudissements avait éclaté... L'oppression me quitta, je respirai enfin!...

Mais une victoire ordinaire ne pouvait succéder à une si belle attaque, sans ressembler à une déroute; ma tâche n'en devenait donc que plus difficile. Heureusement, l'enthousiasme du public a toujours pour effet de décupler les moyens d l'artiste; il s'établit dans ces cas-là entre eux une communication intime, la chaleur de l'un excite naturellement la chaleur de l'autre. Au deuxième acte, dans mon duo

avec Mathilde, si bien représentée par
madame Dorus, des exclamations appro-
batives, qui venaient souligner chaque
phrase de mes récits, m'enlevèrent peu à
peu tout reste d'appréhension. Le trio s'en
ressentit. *Mon père, tu m'as dû maudire...*
fut aussi applaudi que *O Mathilde...*, au
premier acte. Je pouvais déjà comparer
cette soirée à celle de mes débuts à Rome,
en 1834; mais lorsque j'eus chanté mon
grand air, je ne puis dire ce qui se passa !...
Ce que j'éprouvai est impossible à exprimer;
le triomphe dont je fus l'objet, ce n'est pas
à moi de le décrire. Jamais, dans mes rêves
les plus ambitieux, je n'eusse osé aspirer à
rien de semblable! Jamais même je n'en
aurais eu l'idée!...

Au moment où j'entrais à l'Opéra, la
Taglioni le quittait. Elle donna une représentation d'adieux la semaine qui suivit mes
débuts. J'y chantai un acte de *Stradella*,
ouvrage encore récent de Niedermeyer.

Meyerbeer vint alors me trouver; ce souvenir m'enorgueillit encore : « Mon cher ténor, me dit-il, vous revenez d'Italie, vous n'aimez sans doute que la musique italienne ; vous n'avez pas envie de chanter de ma musique ? » Je me récriai, protestant de l'admiration que m'inspiraient ses œuvres. « C'est, reprit-il, que vous êtes engagé ici pour jouer seulement deux opéras ; vous ne jouerez donc pas les miens ! — Maître, lui répondis-je, quand voulez-vous que je chante *Robert ?* — *Robert* est bien lancé, tandis que mes *Huguenots* en sont seulement à leur quarantième représentation ; reprenez plutôt mes *Huguenots*. — Je vais, répondis-je, les mettre à l'étude aujourd'hui même ; veuillez en prendre note. » Treize jours plus tard, je chantai *les Huguenots* pour la première fois. Au bout de la soixantième représentation : « Croyez-vous, me demanda Meyerbeer, que nous atteignions jamais le chiffre de quatre-vingts ? — Pourquoi pas, mon maître ? L'ouvrage est en pleine faveur et fait de l'argent. — C'est égal, je parierais

que nous n'atteindrons pas la quatre-vingtième! —Et moi je tiens la gageure. Voulez-
vous risquer vos droits d'auteur pour ces
vingt représentations. —Volontiers. —C'est
affaire conclue. » Naturellement je gagnai
le pari. Ce fut toujours un des secrets de
Meyerbeer de savoir, par tous les moyens
possibles, stimuler le zèle de ceux qui con-
tribuaient à l'exécution ou au succès de ses
œuvres. Il ne ménageait point sa bourse à
l'occasion, comme dans celle-ci. Toutefois,
lorsque je lui proposai, à la quatre-vingtième
représentation de ses *Huguenots*, de renouveler le pari pour vingt autres, il déclara
que je l'avais guéri de son incrédulité.

Successivement, je repris tout le répertoire laissé par Nourrit. Halévy me sauta au
cou le jour où je lui proposai de rétablir,
au deuxième acte de *la Juive*, le bel air de
la Pâque, supprimé lors de la création. On
sait l'effet puissant que produit toujours
cette page magistrale et inspirée. *La Muette*
fut ma dernière reprise, en 1837. L'année

suivante, Halévy me confia le premier rôle de son opéra *Guido et Ginevra*, qui fut ma première création.

Ce compositeur et en général tous ceux dont j'ai, à diverses époques, chanté la musique, s'en sont presque toujours fiés à moi pour l'interprétation morale et matérielle de leur pensée. Habeneck lui-même, notre chef d'orchestre, quoique connu pour sa brusquerie et son opiniâtre volonté, ne me fit jamais d'opposition quand j'imposai à son orchestre tel ou tel mouvement dans l'exécution d'un morceau. Ses musiciens le lui reprochèrent au moment de mes débuts, se plaignant de ce que je me permettais de changer leurs habitudes. « Laissez-le faire et suivez-le, répondit Habeneck ; celui-là va où il veut, mais il sait où il va. »

Au commencement de 1838, une triste nouvelle se répandit et vint affliger les amis des arts. Pour des motifs d'ordinaire sans valeur dans la vie des hommes qui font leur

métier d'affronter les jugements du public,
Adolphe Nourrit se suicida. Il se précipita
de la hauteur d'un troisième étage dans la
cour de l'hôtel Barbaja, à Naples. Deux ou
trois malheureux sifflets avaient suffi pour
faire perdre la tête à l'infortuné artiste et
pour le déterminer à cet acte de désespoir.
Nourrit laissait plusieurs enfants et une
femme dont il était tendrement aimé.

On a beaucoup parlé de cette mort, on
en parle encore aujourd'hui; j'ai même eu
la douleur de me la voir reprocher par quelques amis de mon illustre prédécesseur,
sous prétexte qu'il n'avait pu se consoler
de se voir remplacé à l'Opéra. Les personnes qui me font l'honneur de lire ce récit
de mon existence sont à même de juger de
mon degré de culpabilité.

Il paraît que l'espèce de folie qui mène
au suicide avait des germes dans la famille
de Nourrit : bien des années après, tandis
que j'étais maire de la petite commune de
Valmondois, Auguste Nourrit, frère d'Adol-

phe, vint se noyer dans l'Oise, non loin de ma maison.

Le Lac des Fées, d'Auber, fut, en 1839, ma seconde grande création ; car je ne donnerai pas ce titre au rôle dont me chargea Berlioz dans son opéra de *Benvenuto Cellini*, donné en 1838 et qui n'eut que trois représentations. On sait que le talent de Berlioz, d'ailleurs excellent musicien, n'était pas précisément mélodique. J'avais chanté de lui, au service funèbre célébré aux Invalides en l'honneur du maréchal Damrémont, une messe qui faisait dire à mon ami Monpou que, « si Berlioz allait en enfer, son supplice serait d'avoir à mettre en musique une pastorale de Florian ». *Benvenuto Cellini* était écrit sous la même inspiration étrange pour mes oreilles italianisées. J'allais être père pour la troisième fois à l'apparition de cet opéra. Le soir même de la troisième représentation, je partis de chez moi laissant madame Duprez dans l'attente d'un événement qui me laissait fort peu de calme. N'ayant encore eu que des filles, je désirais passionnément un fils ; je priai donc en sortant le docteur Gasnault, qui soignait la malade, de venir sans retard me prévenir si ma femme accouchait d'un garçon.

Or, pendant que j'étais en scène dans le dernier acte, j'aperçois mon fidèle docteur dans la coulisse, le visage tout rayonnant. La joie me fait perdre la tête. Lorsqu'on s'embrouille dans cette musique compliquée et savante, telle que la composait Berlioz, il n'est pas facile de se retrouver. Je me tirai assez mal de cette aventure. Là ne fut pourtant point la cause du peu de succès de *Benvenuto Cellini*, dont l'auteur me rendit responsable et me garda toujours rancune. Le fait est que Duponchel se lassa de donner un ouvrage qui, dans sa nouveauté, faisait moins que les pièces anciennes, et que *Benvenuto Cellini* rentra dans les cartons pour n'en plus sortir.

En 1843, Duponchel céda son privilège à Léon Pillet. La fin de son administration

avait été marquée par les débuts de quelques
ténors que mon directeur, qui prétendait,
en vrai style de directeur, *m'avoir fait*, voulut
faire comme il m'avait fait. De ce nombre
fut Mario. Il débuta pendant que j'étais en
représentations à Rouen. Cet artiste exquis,
placé hors du véritable cadre de ses facultés,
ne demeura pas longtemps à l'Opéra; il y
chanta seulement *Robert*, puis *le Drapier*,
modeste opéra d'Halévy, et quitta bientôt
l'Académie royale pour le théâtre, où il
devait trouver des succès réels et mérités.
Poultier vint ensuite; né dans le pays du
sucre de pommes, il quitta ses tonneaux
pour les planches de notre première scène
lyrique. Il était doué d'une jolie voix, chantait
avec expression et se fit remarquer dans le
rôle de Masaniello.

Ce fut encore du temps de Duponchel que
je jouai avec madame Stolz, destinée à
devenir fameuse sous le régime suivant, la traduction de *la Vendetta*, de mon ami de Ruolz.
Enfin, je créai *les Martyrs* de Donizetti. Cette

pièce avait d'abord été écrite en italien et,
sous le titre de *Poliuto*, devait être jouée à
Naples par Nourrit. Mais, la censure ne per-
mettant point que l'on parlât de Dieu, des
choses saintes, ni de la patrie, sur un théâtre,
Poliuto fut interdit. Donizetti apporta alors
son œuvre à Paris, la présenta à Scribe, la
remania de fond en comble pour la scène
française, et la fit recevoir à l'Opéra, où
l'on me chargea du rôle primitivement
destiné à Nourrit. Malgré les très réelles
beautés de cette partition, fort goûtée encore
à l'étranger, *les Martyrs* n'obtinrent guère
chez nous qu'un succès d'estime.

Ici, je pense, peut pendre place un trait
du caractère de Rossini.

A l'époque où nous en sommes, l'auteur
du *Barbier* vivait à Bologne, son pays,
occupé de bien manger et de médire spiri-
tuellement des Français, contre lesquels il
était fort aigri pour deux motifs: la froideur
avec laquelle on avait accueilli son *Guillaume
Tell*, et le refus fait par la famille d'Orléans

de lui continuer la pension de 40,000 francs
dont il jouissait sous les princes de Bourbon.
Rossini, on le sait, ne haïssait pas l'argent.
Son premier grief fut tel, que le succès tardif,
mais éclatant, de *Guillaume*, ne décida point
le maestro à venir à Paris. Cependant
Aguado, marquis de las Marismas, protec-
teur passionné de l'Opéra, qu'il soutint parfois de sa bourse, et, de plus, grand ami de
Rossini, écrivit à l'illustre auteur de
Guillaume Tell pour lui demander un de ses
chefs-d'œuvre. Il me montra la lettre au
moment où il l'envoya. Trois mois après,
me trouvant chez lui, je lui demandai s'il
n'avait point obtenu de réponse de Rossini.
« Je viens de la recevoir », me répondit le
marquis, et il me la communiqua. Voici à
peu près ce qu'elle contenait : « Mon cher
marquis, j'ai fait confectionner pour vous
la plus belle *mortadella* et le plus beau sau-
cisson de Bologne qu'on puisse manger. Je
vous les envoie. Dites à votre chef de les
préparer de *telle* et *telle* manière, de les

servir à *tel* moment du repas, de les arroser de *tel* vin et vous m'en direz de bonnes nouvelles. »

Du chef-d'œuvre demandé, Rossini ne soufflait mot. Jamais Aguado n'en obtint autre chose.

VIII

Direction nouvelle à l'Opéra. — Règne de madame Stolz. — Sentiments qu'inspirait cette artiste parmi ses camarades. — Nouveau jugement de Pâris. — Voyages en province. — Châtiment d'un siffleur. — Premier voyage en Angleterre. — Inconvénients de porter un paletot blanc. — Deuxième voyage en Angleterre. — Nouveau changement d'administration. — Adieux à Léon Pillet. — *Jérusalem.* — 1848. — Je quitte l'Opéra.

Avec la direction de Léon Pillet commença à l'Opéra la domination ou plutôt le règne de madame Stolz, règne absolu et despotique si jamais il en fut. Jusque-là, cette artiste n'avait paru que fort peu et dans des rôles d'importance médiocre. La création de *la Favorite* la mit en évidence;

son énergie, sa chaleur dramatique, la
firent remarquer; mais, non contente de sa
part dans la faveur du public, madame Stolz
ne put bientôt plus supporter que quelque
autre auprès d'elle obtînt de l'éclat, et elle
se servit de son influence de jour en jour
plus grande sur l'esprit du nouveau directeur, pour atténuer le succès de ceux ou de
celles dont le talent ou la beauté lui por-
taient ombrage. Aussi ne fut-elle point
précisément adorée par le personnel de
l'Opéra. Les plus forts et les plus hardis la
détestaient ouvertement; les petits, les
craintifs, la redoutaient et murmuraient
tout bas. Il me souvient que, me promenant
avec Meyerbeer dans la rue Saint-Lazare,
nous fûmes tout d'un coup accostés par la
grande S..., cette belle figurante qui m'avait
trouvé si laid à mon entrée à l'Opéra. Elle
était exaspérée et elle nous raconta le motif
de sa colère avec cette familiarité propre
aux personnes de sa condition. « Oh! nous
dit-elle, mon petit Meyerbeer, ah! mon petit

Duprez, si vous saviez ! cette madame Stolz, elle vient de me faire flanquer à l'amende. Si je la rencontre, je la casse. » Parmi les adversaires de la « favorite », comme nous l'appelions, était Barroilhet, qui se scandalisait comme moi d'entendre dire par Pillet : « Madame Stolz est une Malibran, moins les défauts. » Notre basse Alizard ne perdait jamais non plus une occasion de manifester son antipathie pour notre *étoile*. Un jour que madame Stolz passait dans la cour où nous étions tous réunis, au sortir de la répétition : « Et dire, fait Alizard de sa grosse voix picarde, et dire que cette femme-là est destinée sur ses vieux jours à faire des ménages de garçon... le mien peut-être. » A la suite de cette boutade, l'engagement d'Alizard ne fut pas renouvelé et il n'eut point la consolation de voir se réaliser sa prophétie.

On se rappelle peut-être que ma liaison avec Barroilhet datait de Milan, en 1829. A l'Opéra, où il entra presque en même temps

que moi, ce fut toujours un de mes bons
camarades. Je ne parle pas de son talent si
connu. Ce que l'on ignore peut-être, c'est
qu'il n'était nullement beau. Me promenant
un jour avec lui sur le boulevard, nous
rencontrâmes Perrot, notre premier danseur
(les hommes dansaient encore), qui ne brillait pas non plus par les avantages physiques. Cette fois-là, il me parut encore plus
laid que de coutume; je ne pus m'empêcher
de lui dire: « Mon Dieu, mon pauvre Perrot,
que tu es laid! — Bah! riposte Perrot, vous
êtes donc bien jolis, Barroilhet et toi. —
Doucement, fait notre baryton; je ne me
crois pas beau, certainement, mais toi Perrot et toi Gilbert vous l'êtes encore moins
que moi. » Nous allions nous disputer,
quand nous avisons un passant qui
paraissait bonhomme. Je m'adressai à lui:
« Pardon, Monsieur, lui dis-je, si je vous
arrête. Veuillez être l'arbitre d'un petit dif-
férend qui s'élève entre mes amis et moi et,
à l'instar de feu Pâris, décerner la pomme

à celui de nous trois que vous trouvez le plus laid. » Le passant s'arrête et nous examine, puis : « Ma foi, nous dit-il, messieurs, je suis trop embarrassé pour choisir. » Et il nous tourna le dos en riant.

J'eus, durant le cours de mes engagements à l'Opéra, chaque année, des congés que je mis à profit pour me faire entendre dans nos villes de province, grandes et petites. C'est ainsi que je visitai successivement Lyon, Bordeaux, Toulouse, Bayonne, Limoges, Nîmes, etc.

Ces populations méridionales, habituées à rechercher par-dessus tout chez les ténors la puissance et me croyant plus fort que les autres parce que j'avais plus de réputation, s'étonnaient de ne trouver en moi rien de plus extraordinaire que dans un simple chanteur. J'entendis un jour les regrets d'un Toulousain qui m'avait cru une voix « à tout casser ». La déception que je leur causais sous ce rapport n'empêcha pourtant pas les chaudes manifestations d'enthousiasme de ces publics démonstratifs et passionnés de musique.

A Avignon, par exemple, je me trouvai mal en voix pour chanter *Lucie* et fis faire une annonce par le régisseur après mon premier duo : *Il a trop mangé*, s'écria une voix dans la foule ! Ce mot excita l'hilarité chez les assistants qui refusèrent, du reste, de se retirer en reprenant leur argent, comme on le leur proposait. La représentation continua donc et se termina chaudement.

A Toulouse, deux fois je subis un coup de sifflet ; chaque fois j'eus un défenseur intrépide qui se chargea, de son autorité privée, de réduire au silence le mécontent.

La première, ce fut dans *les Huguenots*. Mes deux premiers actes s'étaient passés de la manière la plus heureuse, mais au septuor du troisième acte, cela changea. Ces grands morceaux-là sont rarement bien exécutés en province où, faute de sujets, on les fait exécuter par des *Laruette*, des

Trial et autres emplois plus ou moins appropriés au grand opéra. Le septuor alla donc à la dérive et je le laissai aller, vu que je n'eus jamais la prétention de chanter un morceau d'ensemble à moi tout seul. Cela ne faisait pas le compte de mes auditeurs; en bons provinciaux, ils voyaient venir le : « Et bonne épée et bon courage...» du ténor, avec cette impatience malicieuse de gens qui se disent: nous l'attendons là! L'effet fut manqué, ils n'étaient pas contents, Dans les hauteurs du théâtre, un *bizet* siffla... J'avais dans la salle un admirateur convaincu, enthousiaste, exagéré; c'était un ancien *Martin* du théâtre de Toulouse, nommé Despéramon, qui jouissait d'une grande influence sur la jeunesse de la ville. Le coup de sifflet lui va au cœur... Il monte au rang élevé d'où il est parti, se fait indiquer le coupable, va à lui: « Va-t'en, lui dit-il avec son accent du crû, va-t'en, imbécile! Voilà le prix de ta place, tiens donc, reprends tes trente sous et décampe!

Douprez, il ne te trouve pas digne de l'entendre! »

La seconde fois ce fut mon ami Sylvestre, littérateur distingué, qui se jeta sur le siffleur et lui donna un RENFONCEMENT pour lequel on le conduisit au violon.

En somme, mes tournées en province me réussirent si bien, que je résolus d'en étendre le cercle en allant dans les grandes villes de l'étranger.

Mais là se présenta une difficulté sérieuse : ces grandes villes, Berlin, Vienne, Londres, Édimbourg, ne possédaient pas d'Opéra français ; or, quand je voulus reprendre ce riche répertoire italien que pendant sept ou huit ans j'avais exploité sur tous les théâtres de la Péninsule, il se produisit ceci : que les chanteurs italiens, jaloux de maintenir leur prérogative, refusèrent de faire une place à leur ancien collègue, redevenu chanteur français. Alors je pris un moyen terme, c'est-à-dire que, me mettant bravement à l'ouvrage, j'eus bientôt appris assez d'anglais et d'allemand pour pouvoir exécuter dans ces deux langues mes rôles principaux.

Ce fut l'anglais que j'étudiai en premier lieu et le plus à fond. En 1844, Bünn, directeur fort entreprenant du théâtre de Drury-Lane, m'ayant offert des conditions avantageuses, je partis pour Londres. La presse et le public de cette capitale m'y firent l'accueil le plus favorable et, dès ma première représentation, donnée le 7 avril 1844, je fus assuré du succès; elle avait pourtant bien failli être compromise par le baryton avec lequel je chantai *Guillaume*, qui parut en scène complètement ivre.

J'étais descendu à l'hôtel de Leicester Square. Mon hôtelier, un compatriote, me pria d'assister à un repas où il réunissait tous ses actionnaires à l'occasion de la restauration de son établissement; cette partie de plaisir étant peu de mon goût, je me récusai poliment et m'esquivai. Lorsque je rentrai, à une heure avancée de la soirée, mes

dignes Anglais étaient encore à table, criant à
tue-tête et s'enivrant à qui mieux mieux;
quelques-uns même avaient déjà roulé de
leurs sièges à terre ou ronflaient conscien-
cieusement dans les coins de la salle. Ayant
aperçu ce tableau je me faufilai sans bruit
jusqu'à ma chambre sans avoir été reconnu.
Mais, vers les quatre heures du matin, il se
fit au-dessous de moi un tel tapage que
force me fut de me réveiller; c'étaient des
cris, des vociférations au milieu desquels je
distinguai mon nom accompagné de bravos,
de hurrahs, à n'en plus finir. Fort intrigué,
je demandai le matin à mon domestique ce
que cela voulait dire. Voici ce qui s'était
passé: un bon Allemand, rentrant à l'hôtel
quand je dormais déjà, avait été vu des
joyeux convives qui l'avaient pris pour moi.
En vain se défendait-il, en vain protestait-
il que jamais il n'avait été chanteur ni ne
s'était appelé Duprez, on refusa de le croire,
on le força de prendre place au festin. Il
s'agissait de boire de bon vin, l'Allemand

finit par se laisser convaincre, on le hissa
sur la table et pendant le reste de la nuit
il fut l'objet des applaudissements et des
toasts répétés qui troublèrent mon sommeil.

Cette aventure m'en rappelle une autre
analogue que j'eus à Paris au temps où
j'étais en grande vogue, c'est-à-dire dans les
premiers temps de mon retour d'Italie.

Un certain jour de Pâques, que je devais
chanter une messe de mon ami Dietsch à
Saint-Eustache, la nouvelle s'en répandit et,
lorsque le matin j'arrivai avec ma femme à
cette église, d'où nous devions aller déjeuner
au Rocher de Cancale, nous vîmes aux portes
une foule semblable à celle qui assiège aux
jours de première les théâtres à la mode. Un
brave prêtre italien, chargé de recevoir les
artistes et de les conduire à leur poste,
m'accueillit aussi avec un enthousiasme un
tant soit peu profane, et démonstratif et
bruyant comme tout enthousiasme méridio-
nal.. « ô *nostro Dupré*, s'écriait-il, me consi-
dérant sans doute comme appartenant à

son pays où avait commencé ma réputation ; *é il nostro caro Dupré ! Venite, venite che oggi siete voi il padre eterno !* [1] » Sans faire tort à la dévotion des habitants du quartier des Halles, je crois qu'il avait un peu raison.

Il n'est pas permis d'applaudir dans les églises ; mais, quand je sortis ayant à mon bras madame Duprez, la foule commença à se grouper et à nous suivre, de sorte que nous entrâmes dans la rue Montmartre à la tête d'une innombrable escorte. C'était flatteur, mais c'était gênant. Ma femme surtout se sentait fort mal à l'aise ; elle aurait bien voulu se dérober à tous ces regards ; mais que faire ? Nous esquiver était impossible, j'avais un malheureux paletot blanc qui me faisait reconnaître et servait de signe de ralliement comme le panache de Henri IV. Enfin, j'avise une porte obscure, une porte bâtarde donnant accès à deux petits escaliers dans l'un desquels nous nous blottissons. Nous espérions

1. C'est notre cher Duprez ! Venez, venez ! Aujourd'hui, c'est vous qui êtes le Père éternel !

que, ne nous voyant plus reparaître, notre
cortège impatienté se disperserait, nous
laissant le champ libre. Vain espoir ! s'attrou-
pant au contraire autour de la maison où nous
étions cachés, il fait cercle et attend. Les
habitants de cette maison et des maisons
voisines, étonnés de ce rassemblement et de
la rumeur qui en résulte, se mettent aux
fenêtres, questionnent les gens de la rue,
vont, viennent ; c'est un vacarme, un remue-
ménage qui commence à nous inquiéter sur
la façon dont nous sortirons de là. Fort heureusement nous avions été reconnus par un
musicien de l'orchestre des Italiens qui passait par la rue Montmartre ; il réussit à percer
la foule, à nous découvrir dans notre cachette.
« Monsieur, me dit-il, permettez-moi de vous
délivrer de ces curieux, car vous en auriez
pour toute la journée. Prenez mon paletot et
donnez-moi le vôtre ; ils s'y tromperont et je
les promènerai pendant que vous vous sauve-
rez avec madame. » Grâce à ce changement, je
pus tranquillement aller déjeuner, tandis

que mon libérateur, donnant le change au
public à l'aide de mon paletot, recevait à
ma place les honneurs du cortège. Il est vrai
que, lorsque enfin la supercherie fut découverte, il fut hué et accablé de sottises... La
roche Tarpéienne est près du Capitole!....

Le succès de mon premier essai en Angleterre me détermina à y retourner l'année
suivante.

Cette-fois là je ne passai que la moitié de
mon congé à Londres même ; je partageai
le reste de mon temps entre Liverpool, Man-
chester et Dublin. Je remarquai chez le
public de cette dernière ville une bien plus
grande chaleur, une plus grande spontanéité
que chez les autres publics anglais de ma
connaissance. A Liverpool, au contraire,
à une représentation à bénéfice, pendant
une grande scène de *Guillaume Tell*, le
public me donna un spectacle tout à fait
drôle : il prit petit à petit la fuite, et je finis
mon grand air en présence seulement des
huit libérateurs de la Suisse qui formaient

tout le personnel choral de M. de Lozier, directeur du lieu.

Je ne revenais jamais à Paris, après ces absences annuelles, sans éprouver une sorte de marasme à la seule pensée du collier de misère que me tenait en réserve la direction de Léon Pillet. Lorsqu'on n'a pas vécu au théâtre, on ne s'imagine point les tracasseries qu'un directeur, s'il cède à une mauvaise influence, peut faire subir à ses administrés. Sa passion contre moi l'aveuglait au point de lui faire compromettre ses propres intérêts.

Il se frottait les mains un soir de recette détestable où ne chantait pas madame Stolz et répétait avec satisfaction: « On n'a fait que quatre mille francs, et pourtant Duprez chantait un de ses bons rôles. »

Enfin, Léon Pillet, cet administrateur d'humeur étrange, céda de nouveau la place à Duponchel, associé avec Nestor Roqueplan Madame Stolz n'était déjà plus à l'Opéra.

Dernièrement j'ai retrouvé dans de vieux

10.

papiers le carnet dans lequel, jour par jour,
je prenais mes notes sur ce qui se passait
au théâtre; j'y revois le cri de joie que je
poussai à propos de ma rentrée sous la
nouvelle direction, après deux mois de congé.
Qu'il me soit permis de m'emprunter à
moi-même ce passage, écrit sous l'impression
du moment : « 8 juillet 1847. *La Juive* avec
Alizard, mesdemoiselles Nau et Dameron...
— L'Opéra est donc enfin redevenu ce qu'il
n'eût pas dû cesser d'être... — Le repos
m'a fait un bien immense, ma voix est plus
sonore que jamais; je me sens la fraîcheur,
la force, la chaleur de vingt-cinq ans avec
la puissance, l'art et la sagesse de mon
âge. Le public entier a été admirable pour
moi, j'ai bien joué et bien chanté ; mais j'en
ai été récompensé au delà de mes souhaits...
L'administration semble être dans les meilleures dispositions à mon égard. Enfin, Pillet n'est plus!... »

Verdi, qui pour la première fois m'entendit
ce soir-là, parut ne pas regretter de m'avoir

confié le principal rôle dans son opéra de *Jérusalem*, qui devait bientôt passer.

Cette création, la dernière de ma carrière dramatique en même temps que la première apparition de Verdi sur la scène lyrique française, fut le signal de la guerre acharnée que devait me faire, sous toutes les formes et sous tous les prétextes, M. Fiorentino, rédacteur du feuilleton musical dans deux grands journaux de la capitale. M. Fiorentino n'aimait pas Verdi, il l'avait de tout temps critiqué sans justice ni mesure; à l'une des répétitions de *Jérusalem*, il crut cependant pouvoir lui parler et lui tendre la main. Le futur auteur d'*Aïda*, dont la fierté fut toujours le trait dominant, s'abstint de répondre au critique et lui tourna le dos. Fiorentino s'en vengea : la pièce, le compositeur, le principal interprète, furent maltraités dans tous ses articles. Heureusement pour nous, le public se prononça dans un autre sens, et notre succès ne fut interrompu que par la révolution de février.

À ces époques de crise populaire, il n'est peut-être pas un individu qui ne se ressente directement ou indirectement du mouvement qui agite la nation ; si, personnellement, je n'en souffris point, j'en vis pâtir un membre de ma famille dont j'ai mainte fois entretenu le lecteur. Mon frère Édouard Duprez avait eu la malheureuse idée de prendre, l'année précédente, la direction du Théâtre-Royal de Bruxelles. Personne n'ignore quel fut le contre-coup de nos événements politiques dans les États de nos voisins, particulièrement en Belgique ; il n'y a donc pas lieu de s'étonner si les théâtres se ressentirent du malaise général. Mon pauvre frère voyait chaque soir le rideau se lever devant une salle vide ; il m'appela à son aide. J'allai à Bruxelles créer *Jérusalem*, et j'attirai à la Monnaie la ville entière. L'opéra eut un tel succès, qu'on le joue encore aujourd'hui ; mais je ne réussis point à sauver la position de mon frère, qui vit s'engloutir, dans l'espace de quelques jours, les économies de longues années de travail.

De retour à Paris, lorsque le calme se fut rétabli dans la rue, je chantai de nouveau, mais je sentis bientôt que l'heure de ma retraite allait sonner. Plusieurs motifs m'engageaient à me retirer du théâtre. Quoique jeune encore et vigoureux, je sentais s'amoindrir cette fraîcheur de voix, cette souplesse de moyens dont j'avais joui pendant vingt ans; des qualités de ma jeunesse, il ne me restait qu'une puissance plus grande encore, peut-être; mais un organe plus limité, plus lourd, moins brillant, me faisait comprendre que le moment était venu pour le chanteur dramatique de céder la place au maître, au compositeur; car j'ai toujours cru mériter ces titres, et un irrésistible penchant m'entraînait vers la composition. J'étais donc presque résolu à ne pas demander le renouvellement de l'engagement qui me liait jusqu'en 1849, lorsqu'une circonstance m'y décida tout à fait.

Meyerbeer était sur le point de monter son *Prophète*. Je l'ai déjà dit, ce compositeur ne négligeait jamais rien pour assurer le succès de ses œuvres ; aucune précaution ne lui échappait pour attirer l'attention, exciter la curiosité du public ; grands et petits moyens étaient par lui employés ; or, il croyait avec raison que nul attrait n'égale celui de la nouveauté. Je ne fus donc qu'à moitié surpris, lorsqu'au mois de décembre 1847, j'appris que Meyerbeer s'était adressé à Roger pour la création de son *Prophète*. A partir de ce moment, tout, à l'Opéra, se fit en vue de ménager les susceptibilités de l'ombrageux auteur des *Hnguenots* ; tout s'aplanit pour préparer les voies à son prochain triomphe ; tout autre intérêt s'effaça devant celui-là. Ainsi, entre la révolution de février et l'apparition du *Prophète*, il ne fut donné qu'un seul opéra nouveau, *Jeanne la Folle,* que chanta une mienne élève, mademoiselle Masson, et encore ne fut-il représenté que fort peu de fois. Lorsque j'annonçai mon projet de retraite, on ne fit rien pour me retenir; j'allais au-devant d'un désir qu'on n'eût cependant pas osé me manifester. Au mois de mars 1849, je quittai l'Académie de musique, sans que mon départ dans un théâtre où je comptais douze années de service, fût *pour ainsi dire remarqué.*

IX

Comment je devins professeur au Conservatoire et comment je me séparai de cet établissement. — Historiettes sur Cherubini. — Premier voyage avec mes élèves.

J'étais devenu, en 1842, professeur de chant au Conservatoire royal de musique et de déclamation; ma démission de ces fonctions coïncida presque avec ma retraite de l'Opéra. On m'a assez souvent reproché cet acte, dont on ignorait les motifs, pour que j'en donne ici l'explication; mais, auparavant, je dois raconter de quelle manière j'avais été attaché à cet établissement.

Cherubini, nommé directeur du Conser-

vatoire en 1822, l'était encore lors de mon
retour à Paris, en 1837. Il s'empressa de
m'offrir la direction d'une classe de chant;
j'étais assez porté à enseigner l'art que
j'avais moi-même tant étudié et tant pra-
tiqué déjà; l'offre ne me déplut pas. Je me
rendis à l'appel de Cherubini pour entendre
les élèves qu'on me destinait. Huit ou dix
jeunes gens, dont la moitié au moins
chantèrent l'air de *Joseph*, défilèrent successivement devant moi sans que je reconnusse
dans un seul ce qui peut s'appeler des
dispositions artistiques. Je me permis de
manifester à Cherubini la crainte de n'en
faire jamais des sujets bien remarquables;
l'irascible maëstro prit fort mal l'observation;
il me répondit en commençant sa phrase
par l'exclamation italienne, indice presque
certain de sa mauvaise humeur : « *E che!*
s'écria-t-il, est-ce qu'il faudra donc faire des
élèves exprès pour vous? » L'argument me
parut sans réplique. Je me contentai donc
de déclarer au directeur du Conservatoire

que l'éducation des élèves qu'il m'avait
présentés me paraissait une tâche trop
difficile pour mes faibles moyens, et les
choses en restèrent là momentanément.

Cinq ans après, Cherubini mourut.
D'autres parleront ou ont parlé des travaux
de ce maître ; son œuvre musicale, classi-
que déjà de son vivant, a été et sera jugé,
apprécié comme il doit l'être. Pour moi, je
me contente de le peindre par le côté anec-
dotique. On aime généralement à se figurer
les hommes de talent comme des natures
supérieures, étrangères aux mesquins soucis
de l'existence, trop au-dessus même de la
réalité pour s'inquiéter des progrès qui s'ac-
complissent dans un ordre purement maté-
riel. Eh bien, cette opinion si répandue est
une erreur ; la preuve, c'est qu'au nombre
des améliorations dues par le Conservatoire
à son deuxième directeur, il faut compter
une institution très utile, sans doute, mais
très prosaïque, comme on va le voir : ceux
qui ont eu l'occasion de traverser la cour

de cet établissement ont pu remarquer à l'un des angles une petite construction en bois peint, de couleur chocolat, dont la destination se révèle aisément par ses mérites utiles, je dirai même nécessaires; c'est de ce monument que je veux parler. Cherubini en fut le créateur; avant lui, rien de semblable n'existait; il en eut l'idée première et en réalisa l'exécution. On lui doit aussi le choix de l'emplacement, ce qui ne fut pas une petite affaire! Le pensionnat existait encore à cette époque pour les filles comme pour les garçons; il ne fallait point choquer la pudeur de ces demoiselles, en leur offrant des perspectives blessantes; Cherubini se donna une peine extrême pour arriver à ce résultat. Il fit de nombreux essais, et, pour les mieux faire il eut recours à un grand professeur, raide et sec, toujours cravaté de blanc et portant lunettes, M. H..., qui fut mon antagoniste, lorsque je devins son collègue. A la prière de son directeur, M. H... se plaçait dans la guérite, tandis que

Cherubini traversait la cour dans l'un et l'autre sens, s'éloignant et se rappochant comme un peintre en face d'un tableau et s'écriant parfois : « Ah ! mon ami, pas comme cela... Mon cher H..., zé vois, zé vois !... Tournez-vous d'une autre manière !... » Je signale à la connaissance des jeunes élèves du Conservatoire le dévouèment et la patience dont fit preuve M. H... durant ces expériences.

Halévy, notre grand compositeur, fut l'élève chéri de Cherubini, qui ne cessa toute sa vie de le considérer comme un enfant. Il me souvient qu'à un dîner chez moi, dont tous deux devaient faire partie, l'auteur de *la Juive* étant en retard : « On n'attend pas Fromenthal, dit le vieux maëstro avec son impatience habituelle ; s'il ne vient pas à l'heure, il faut se mettre à table sans lui ! »

Lorsque Cherubini donna son dernier opéra, il se fit aider par son ami pour en diriger les répétitions. L'artiste chargé dans

cette pièce du rôle de basse se trouvant un
jour malade, Serda s'offrit à le remplacer.
Cherubini, mécontent, l'envoya promener.
Serda en conçut du dépit et le laissa voir.
Le lendemain, Halévy remontra à son vieux
maître combien il avait été injuste envers
cet artiste. « Ce pauvre Serda, lui dit-il,
vous l'avez traité bien brutalement ; il en est
très froissé ! Vous devriez bien lui dire quelque chose pour lui faire oublier votre mauvaise humeur d'hier. — Et qu'est-cé qué tou
veux qué zé loui dise ? Zé né sais pas dé
bonnes paroles, moi. Trouve toi-même. Eh,
tiens, vas-y dé ma part... Tu peux l'assurer
qué zé né loui en veux plous ! »

Bénédict, qui a chanté avec moi *le Barbier
de Séville* à l'Odéon et depuis a tenu le
feuilleton musical du *Sémaphore de Marseille*,
fut reçu par le directeur du Conservatoire
avec cette même affabilité, quand il se
présenta pour une classe de chant. Il était
fort laid. Cherubini le toisa et puis lui dit :
« *E che !* vous voulez vous faire récévoir

ici? Allez ploutôt au Zardin des Plantes; nous né prénons pas les sinzes ici. »

Cette humeur, cette impatience permanente du maëstro, son horreur d'attendre étaient célèbres. La première fois que j'eus l'honneur de le voir, c'était à l'enterrement de Garat, en 1823. Le pensionnat de Chorón faisait partie des chœurs réunis pour le service funèbre; nombre d'illustres musiciens, Paër, entre autres, dont on exécutait un offertoire, étaient là; l'heure de la cérémonie avait depuis un instant sonné; le convoi se faisait attendre. Cherubini s'exaspéra... « Ah ! fit-il, ce Garat, c'est bien touzours la même chose, il ne peut pas être ezact ! »

Que de boutades drôlatiques on pourrait ajouter à celle-là, si je n'en avais déjà trop conté.

Je reprends mon récit où je l'ai laissé. Ce fut Auber qui remplaça Cherubini dans la direction du Conservatoire. Le caractère de ces deux maîtres offrait le contraste le

plus frappant qui se puisse rencontrer.
Aussi gracieux, aussi affable dans ses ma-
nières que son prédécesseur était quinteux,
colère et bourru, Auber exagéra la facilité
et la tolérance comme Cherubini avait
exagéré l'intolérance et la raideur. Mais,
sans vouloir ici juger des qualités ou des
défauts de son administration, je dois dire
seulement qu'aussitôt nommé à ces hautes
fonctions, il me renouvela avec l'empressement le plus flatteur la proposition que
j'avais reçue de l'ancien directeur de me
charger d'une classe de chant. La condition
que j'y mettais, de choisir moi-même mes
élèves, ne souffrant aucune difficulté, j'as-
sistai aux examens de réception et me
composai une classe d'où sont sortis, avec
madame Miolan-Carvalho, qu'il me suffit de
nommer, d'excellents sujets, tels que Ba-
lanqué, dont on se souvient au Théâtre-
Lyrique ; mesdemoiselles Dameron, Poinsot,
qu'on entendit à l'Opéra, etc., etc. Malheureusement, ma position doublement en

vue, comme professeur et chanteur, ne
tarda pas à me susciter des inimitiés
fâcheuses; sans parler de M. H..., l'*essayeur*
des inventions cherubiniennes, je crus m'a-
percevoir de l'hostilité de plusieurs de mes
collègues. Les congés que je prenais chaque
année, pour mes tournées dramatiques en
France ou à l'étranger, fournirent le prétexte de critiques; bref, je fus un jour
officieusement averti que le ministère allait
prendre des mesures sévères contre les
absences trop fréquentes de certains pro-
fesseurs, et qu'il faudrait s'y conformer ou
quitter la place. Mon parti fut bientôt pris:
j'étais encore trop jeune (quarante ans à
peine), trop actif et trop entreprenant pour
enchaîner ainsi ma liberté.

A cette époque déjà, je rêvais la for-
mation de mon école pratique de chant.
Certaines difficultés m'empêchaient encore
de la créer; en attendant, je réunis quelques-uns des élèves qui m'avaient été
donnés par le Conservatoire, et, après les

avoir préparés à l'exécution d'un certain
nombre d'opéras: *Lucie*, *la Juive*, *Jérusalem*,
le Barbier, *la Favorite*, etc., je partis avec
eux pour la province. Mon but, dans une
tournée théâtrale, était aussi bien de
développer par la pratique le talent de ces
jeunes gens, que de les aguerrir à la scène,
tout en protégeant de mon nom, de ma
présence et de mon autorité leurs premiers
pas devant le public.

X

Notre odyssée. — Un amateur malgré lui. — Engagement
de mademoiselle Miolan à l'Opéra-Comique. — Seconde
tournée. — Commencements de la carrière de ma fille. —
Reims, Strasbourg, Genève, etc. — Bouquets blancs et
bouquets panachés. — Fin de nos expéditions. — Caroline
aux Italiens. — Pourquoi je n'ai pas chanté *Don Juan*.

Au mois de juin 1849, nous nous mîmes
en route. Ma petite troupe était ainsi composée : mesdemoiselles Félix Miolan et
Poinsot, premiers sujets de chant ; mademoiselle de Jolly, pianiste accompagnateur ;
MM. Ballanqué, première basse ; Didiée,
baryton ; Prouvier et Bertrand, deuxièmes
rôles ; je me réservais les grands ténors.
Mon frère Édouard nous accompagnait aux

titres de régisseur, administrateur, maréchal
des logis, etc. Je donnais cinq cents francs
par mois à chacun de mes jeunes artistes
pour frais de voyage et de costumes. Pendant
toute la durée de notre expédition, la gaieté
la plus charmante, l'entente la plus parfaite
régnèrent parmi cette petite société, bien qu'on
y comptât deux mamans et une gouvernante.

La première ville où nous nous arrêtâmes
fut Nantes; nous y eûmes un succès qui
commença dès nos répétitions, pendant lesquelles la foule s'assemblait sous nos fenêtres pour nous entendre. Ensuite nous
allâmes à Caen, Saint-Malo, Brest, Rennes,
Lorient, Le Mans, etc. Faire pas à pas
l'historique de nos pérégrinations dans ces
différents endroits serait chose fastidieuse ;
mais afin qu'on ait une idée de ce qu'étaient,
et les publics auxquels nous avions affaire,
et les péripéties que nous traversions, je
m'arrêterai un instant sur notre séjour à La
Rochelle, notre dernière étape avant de rentrer à Paris.

Là, comme ailleurs, nous commençâmes par nous assurer d'un local pour nos exercices dramatiques. Le théâtre étant inoccupé par suite de la saison, on le mit à notre disposition. A peine nos affiches furent-elles posées, à peine mon frère fut-il assis au bureau de location, que le public rochelais se présenta pour prendre des billets, avec un empressement de bon augure. Toutefois, au milieu de toutes ces mines satisfaites, mon frère remarqua bientôt un monsieur d'un certain âge, dont la physionomie exprimait l'humeur la plus bourrue du monde; il s'avança vers le contrôle et demanda, d'un ton brusque, six places de première; puis il s'informa de ce qu'il devait: « Soixante francs, monsieur, répondit Édouard. — Soixante francs!... Il faut que je vous donne soixante francs pour entendre un opéra?... — Mon Dieu, monsieur!... — Eh! monsieur, il n'y a pas de mon Dieu qui tienne! Cela devient un abus! L'année dernière c'était mademoiselle Rachel,

cette année-ci c'est M. Duprez!!! Est-ce que
cela va recommencer tous les ans? — Mais,
monsieur, objecte Édouard, je vous ferai
seulement remarquer que vous n'êtes pas
forcé de venir nous entendre. — Pas forcé,
s'écrie le bourgeois exaspéré, je ne suis pas
forcé! Eh bien, et ma femme, monsieur?...
et mes filles?... et ma nièce? Vous croyez
donc qu'elles consentiront à se passer du
spectacle?... Non, non, monsieur, voici vos
soixante francs! »

Je laisse à penser si cette scène avait
causé à mon frère une envie de rire difficile
à réprimer.

. . . .

Par les stipulations de mon engagement,
l'Opéra me devait, quand je le quittai en
mars, deux représentations à mon bénéfice.

La première eut lieu le 16 décembre et
fut marquée par un événement dont les
conséquences furent assez importantes pour
que je ne le passe point sous silence.
Madame Viardot, madame Rose Chéri,

Carlotta Grisi, madame Castellan, les artistes du Palais-Royal, qui jouaient une de leurs pièces en vogue, me prêtaient leur gracieux concours.

Je voulus leur adjoindre mademoiselle Caroline Félix Miolan, qui depuis trois ou quatre ans travaillait avec moi et dont je connaissais assez les hautes qualités pour être sûr que sa première apparition devant le public parisien serait un succès. La direction de l'Opéra fit à ce projet une vive opposition; on ne pouvait, disait-elle, faire figurer à côté de tant de beaux noms le nom d'une élève inconnue. Enfin, lassé par mon insistance : « Eh bien! s'écria Roqueplan, soit, elle chantera; mais vous en endosserez toute la responsabilité; elle sera inscrite sur l'affiche comme *élève de Duprez*. — C'est bien ainsi que je l'entends, répondis-je, et la chose se fit. »

Mademoiselle Miolan fit donc partie de cette soirée, et à peine avait-elle chanté que je vis entrer dans ma loge Adolphe Adam

et Perrin, alors directeurs de l'Opéra-
Comique, qui venaient me demander la
jeune artiste pour créer Giralda. Le lendemain même, l'engagement fut signé, en
ma présence et chez moi.

Dans le courant de cette même année 1849,
je reçus par l'intermédiaire de M. Frémy,
secrétaire intime du ministre de l'intérieur,
l'offre officieuse du ruban de chevalier de la
Légion d'honneur. On y mettait toutefois
pour condition que je m'abstiendrais à
l'avenir de paraître sur les planches. Je
l'avoue, cette clause me sembla étonnante
et inacceptable : comment l'exercice de ce
talent qui m'avait fait juger digne d'un
insigne honneur m'en rendrait-il indigne
si je continuais de m'y livrer? Je ne parvins
pas à le comprendre. D'ailleurs, je l'ai déjà
dit à propos du Conservatoire, je me sentais
encore trop jeune pour enchaîner ma liberté
d'action; en conséquence, je me récusai, et
ce ne fut ensuite qu'en 1865 que l'on me
décerna la croix de chevalier.

Dès le mois de février, je mis à profit l'indépendance que je m'étais conservée en chantant à l'Opéra dans une représentation au bénéfice des pensions; puis, au mois de juin, en repartant en tournée de province avec mes élèves.

L'engagement de mademoiselle Miolan avait laissé un vide dans ma petite troupe nomade; ce fut ma fille Caroline qui le combla. L'année précédente sa mère l'avait amenée à Nantes, où elle avait de la famille, au moment où mes élèves et moi donnions nos représentations. Le succès de son amie Félix lui fit envie, elle me supplia de lui laisser suivre la même carrière. Cela n'entrait guère dans mes vues paternelles; mais je ne pus résister à cet ardent désir. Ma fille, née pour ainsi dire dans la musique, élevée au milieu d'artistes, douée des plus belles dispositions, avait en outre reçu l'éducation musicale la plus soignée; elle n'avait donc qu'un pas à franchir pour devenir, d'excellente musicienne qu'elle était, artiste et artiste distinguée. Ce fut bientôt fait; elle était plus que prête à paraître sur une scène, quand je l'emmenai avec le reste de mon personnel en juin 1850.

Cette fois, nous nous dirigeâmes vers l'est; Reims fut notre première étape. Nous y donnâmes d'abord *la Favorite*, avec mademoiselle Poinsot pour le premier rôle et ma fille dans le petit personnage d'Inès.

Pour le lendemain, nous affichâmes *Lucie* avec ma fille et moi; mais aussitôt commença chez le directeur du théâtre qui nous prêtait sa salle, avec une procession d'abonnés, une série de réclamations: les bons Rémois, habitués à ne voir dans l'Inès de *la Favorite* qu'un deuxième ou troisième emploi ne comprenaient pas que la même personne pût successivement remplir ce rôle, puis celui de Lucie, toujours confié à des premiers sujets. Cela leur semblait un manque de procédés ou un non-sens. Le directeur leur conseilla de m'apporter leurs plaintes; mais ils s'en abstinrent sagement;

ils se contentèrent de déclarer que mademoiselle Duprez n'aurait qu'à se bien tenir, si elle ne voulait être traitée par eux de la belle sorte... Elle se tint si bien, que, dès le second acte, on ne trouvait plus dans la ville assez de bouquets pour lui jeter. Les Rémois étaient au comble de la stupéfaction.

Les laissant s'étonner tout à leur aise, nous allâmes à Strasbourg où nous donnâmes seulement un concert, vu que le directeur, M. Halanzier, ne permit à aucun prix que moi et mes jeunes gens nous montassions sur son théâtre. Nous n'en sommes pas moins bons amis à l'heure qu'il est; il me suffit de constater que M. Halanzier a été de tout temps fort jaloux de ses intérêts.

De Strasbourg nous allâmes à Stuttgard ; puis nous remontâmes le Rhin, nous arrêtant partout où il nous était possible de nous faire entendre, soit en concert, soit en spectacle. — La Société philharmonique de Mulhouse, à notre arrivée dans cette ville, mit à notre disposition, avec l'empressement le plus gracieux, un orchestre d'amateurs excellents, — du moins s'en flattait-elle, et nous, nous y crûmes. Mais, dès le début de la répétition, le talent de ces bons amateurs se montra tellement au-dessous de leur bonne volonté, que je dus renoncer à leur concours; jamais plus incroyable charivari ne s'est produit sous prétexte de musique. Nous nous reprîmes cependant à deux ou trois essais, tant j'avais peur de les blesser par un refus; après quoi, le désordre ne faisant qu'augmenter, je les remerciai très poliment. Mademoiselle de Jolly se mit au piano, secondée par une basse, un alto et deux violons, moins ennemis de la mesure que le reste de l'orchestre. Ainsi accompagnés, nous jouâmes *Lucie*.

Depuis un an, mademoiselle de Jolly, encouragée par l'exemple, s'était aussi mise à chanter; elle y réussissait même si bien que je pus l'associer aux travaux de mes

deux autres jeunes filles et qu'elle partagea
leurs succès. A Genève, particulièrement,
où un engagement nous liait pour un temps
plus long que dans nos autres stations, l'on
prisa fort un aussi joli ensemble, rare,
sinon inconnu, sur des scènes d'importance
secondaire. Chaque soir mes chanteuses
étaient littéralement couvertes de fleurs.
Une chose cependant chagrinait notre amie
Poinsot; elle était si grande, ses rôles
étaient toujours si dramatiques, ses gestes
si accentués, que le public, probablement,
ne se décidait pas à la considérer comme
une jeune fille au même titre que ses
compagnes; tant y a qu'au sortir d'une
représentation où on l'avait fort acclamée,
l'amertume jusque-là secrète de son cœur
éclata; elle avait les mains chargées de
bouquets qu'elle froissait avec dépit :
« N'est-ce pas trop fort, nous dit-elle, les
larmes aux yeux; voyez ces fleurs?... A
mademoiselle de Jolly, à mademoiselle
Duprez, on envoie des bouquets blancs; à

moi, on envoie des bouquets panachés! rien que des bouquets panachés! Qu'est-ce que j'ai donc fait, moi, pour n'avoir pas des bouquets blancs aussi?... » Cette boutade, et surtout sa sincérité, faillirent nous faire mourir de rire. Notre grande Poinsot commença par s'exaspérer davantage à la vue de notre folle gaieté; ensuite, comme elle était excellente fille, elle finit par rire avec nous.

Après être descendus jusqu'à Annecy, la saison qui s'avançait nous engagea à regagner nos pénates; mais, auparavant, nous fîmes encore un séjour à Nancy. Nous exécutâmes plusieurs opéras dans cette ville avec le plus grand bonheur.

Nous y fûmes rejoints par N..., directeur des Italiens, qui venait me demander Caroline pour son théâtre. Nous signâmes l'engagement sans plus tarder.

L'hiver suivant, je présentai moi-même ma fille au public parisien dans la *Lucia di Lammermoor*, rentrant ainsi dans ma peau de ténor italien pour chanter le rôle d'Edgar, jadis écrit pour moi par mon ami Donizetti.

Cette soirée des débuts de ma fille a été l'une des plus belles de ma vie. Je n'y puis encore penser sans une émotion profonde, sans une véritable reconnaissance envers ce public qui manifesta si chaleureusement ses sympathies pour le vieux talent du père, pour le talent plein d'avenir de l'enfant.

Lorsque, peu de temps après, la direction des Italiens passa aux mains de Lumley, ce faiseur habile et audacieux me proposa de prendre le rôle de Don Juan dans le chef-d'œuvre de Mozart qu'il voulait remonter avec Caroline et madame Sontag. La nouvelle en parvint au public et ne fut pas sans causer de l'émotion. On se souvenait du vieux Garcia, si remarquable dans ce superbe rôle; on était curieux de m'y voir à mon tour, de m'y comparer à lui; on me faisait l'honneur de croire que je ne le laisserais pas regretter. Mais j'avais, moi, trop d'expérience de la scène pour m'imaginer sérieusement qu'un ténor pourrait faire un effet réel en ramassant le manteau laissé par un baryton, que ce qui est écrit pour une voix pourrait impunément être rendu par une autre; après mûre réflexion, je rompis les pourparlers engagés avec Lumley.

Quant à ma fille, son engagement aux Italiens expiré, elle passa au théâtre de la Reine, à Londres; puis, la saison s'étant terminée sans que l'occasion s'offrît à elle de revenir à Paris, elle accepta les propositions qui lui étaient adressées par la direction du théâtre de la Monnaie, et je la conduisis à Bruxelles.

Elle y créa mon premier opéra, écrit sous le titre de *l'Abîme de la Maledetta*. Le sujet de cet ouvrage, dans lequel je n'avais en vue que le talent de ma fille, n'ayant généralement pas plu, je remaniai la partition sur un autre libretto, et la donnai, l'hiver suivant, au Théâtre-Lyrique (alors, hélas !

bien en désarroi) sous le titre de *Joanita*. Ce fut le signal de mes mésaventures et de mes chagrins de compositeur. Quoiqu'il me soit douloureux d'y revenir, ils doivent trouver place dans ce récit. Ce ne sera pas long.

XI

Joanita au Théâtre-Lyrique. — Mésaventures d'une première représentation. — Quelques mots sur M. Fiorentino. — Mes démêlés avec ce journaliste. — Il me fait amende honorable. — *Jeliotte.* — Samson. — Réflexions sur la contexture du drame lyrique. — Réponse à M. Fould. — Lettre de M. Gevaërt à propos de *Samson.* — *Jeanne d'Arc.*

Le Théâtre-Lyrique, fondé en 1847 par mon vieil ami Adolphe Adam, a paru, depuis son origine, prédestiné aux vicissitudes, aux calamités de toute sorte. Ce fut sur un de ces moments de catastrophe que j'eus la mauvaise chance de tomber. Mon ouvrage était à peine mis en répétition, que le directeur, Séveste, mourut. Dans quelles conditions alors je fus joué, on ne l'imagine pas ! Sans direction il semblait que, dans ce théâtre, hommes et choses se fussent entendus pour faire tout manquer. Les costumes, mal cousus, craquaient au fur et à mesure que les artistes les endossaient ; les danseuses avaient des maillots auxquels, dans le désordre général, on avait oublié d'adjoindre des caleçons ! Leur nuance si étrange égaya le parterre et le fit pouffer de rire, aux moindres évolutions de ces pauvres filles. La chose plus grave fut l'enrouement qui prit tout d'un coup mon ténor Poultier, chargé du premier rôle. C'est ainsi qu'eut lieu ma première représentation de *Joanita*.

Au milieu de mes inquiétudes, de mes angoisses, de mes humiliations, comme si la coupe n'était pas assez pleine, on vint m'avertir que Fiorentino s'était vanté, même avant de connaître mon opéra, de m'éreinter le lendemain à tour de bras dans *le Moniteur* et *le Constitutionnel*. Je savais Fiorentino dans la salle, et mes amis m'engagèrent à le voir. Je refusai. Ils insistèrent.

Pour bien comprendre l'importance d'un pareil avis, il faudrait se faire une idée de l'influence, aujourd'hui sans exemple, qu'exerçait sur l'opinion publique ce journaliste, attaché aux deux feuilles les plus autorisées et les plus répandues de la capitale. Je ne pouvais cependant pas me résoudre à faire une démarche auprès de M. Fiorentino, dont les critiques haineuses n'empêchèrent point *Joanita* de finir la saison théâtrale, avec dix-huit représentations. Quant à l'ouvrage lui-même, il ne m'appartient pas de le juger.

On a déjà vu, lors de la création de *Jérusalem*, Fiorentino me faire la guerre dans ses feuilletons, en même temps qu'à Verdi. Plus tard, les débuts de Caroline aux Italiens lui devinrent le prétexte d'attaques nouvelles, non plus cette fois contre mon talent de chanteur, mais contre la méthode par moi, disait-il, « imposée à ma fille et destinée à briser et à détruire sa voix » ; attaques d'autant plus perfides qu'il y joignait les éloges

enthousiastes prodigués à la jeune cantatrice, placée ainsi, bien malgé elle, en antagonisme avec son père. Il ne manquait plus
au critique du *Moniteur* et du *Constitutionnel*
qu'une occasion de me maltraiter comme
compositeur : *Joanita* la lui fournit.

Fiorentino n'avait pourtant pas toujours
été mon ennemi. A Naples, d'où datait notre
connaissance, il venait familièrement à la
maison déguster notre macaroni, comme
plus tard, à Paris, dîner avec nous. Dans ce
temps-là, je n'avais de lui que des articles
fort bienveillants et empreints d'amitié.
D'où provenait donc un changement aussi
radical dans ses rapports avec moi ? Il faut
le dire, Fiorentino se plaignait de ce que
l'amitié de Duprez, non plus que celle de
Lablache, ne lui eussent jamais rien rapporté. Les louanges de M. Fiorentino valaient
de l'or, et il n'est jamais entré dans mes
principes de payer le bien qu'on pouvait dire
de moi.

Ce personnage qui, durant bien des années,

a tenu le sceptre et la férule dans le feuilleton musical, était loin de mériter le pouvoir extraordinaire qu'il exerçait. Une aventure humiliante pour lui avait précédé son départ de Naples. Il s'était permis une critique outrageante contre Moriani, premier ténor de San-Carlo. Celui-ci, étant en scène dans *Beatrice di Tenda*, quelque temps après, l'aperçoit dans les coulisses, et aussitôt qu'il a fini de chanter court à lui, l'apostrophe et le frappe au visage. Fiorentino tenait à la main une canne à épée, il la dégaîne, mais son adversaire se précipite sur l'arme, au risque de se blesser, s'en empare, la brise et en jette les morceaux à la figure du journaliste.

L'affaire était grave, le théâtre de San Carlo étant considéré comme maison royale, et des peines fort sévères édictées contre tout individu qui s'y trouverait les armes à la main ; on parvint toutefois à l'apaiser et Fiorentino put partir pour Paris, emportant seulement ce qu'il avait reçu.

12.

Ici, il vécut malheureux pendant un certain temps et ne se serait peut-être pas tiré d'affaire sans le concours d'Alexandre Dumas qui faisait grand cas de son esprit. Fiorentino en avait effectivement beaucoup; il s'exprimait avec autant de facilité en français qu'en italien.

En revanche, ses connaissances en musique étaient nulles, à ce point qu'il lui arriva d'écrire à propos d'un chanteur dont la voix s'usait: qu'on était obligé de transposer son grand air d'un *quart de ton*, chose absolument impraticable, on le sait, dans notre système musical.

Comment, après avoir obtenu un emploi dans un journal, Fiorentino perça peu à peu et finit par se créer une position exceptionnelle dans la presse parisienne, je ne saurais le dire. Son premier soin, dès qu'il eut de l'influence, fut d'en abuser. Il poussa si loin les choses à mon égard, que je dus, en juin 1854, lui intenter un procès en diffamation. L'affaire allait être jugée, lorsque M. Perrin, directeur de l'Opéra-Comique, vint me trouver à ma campagne de Valmondois pour m'engager en son nom et de la part de M. Crémieux, mon conseil et mon ami, à me désister de ma plainte. Il ajouta que M. Fiorentino se reconnaissait coupable et s'engagerait par un acte authentique à ne jamais parler de moi ni des membres de ma famille que dans les termes les plus convenables. Ayant l'horreur du scandale, j'acceptai cette proposition ; l'acte signé de Fiorentino me fut remis et les choses en restèrent là.

Ma seconde composition théâtrale fut *la Lettre au bon Dieu*, petit opéra comique en deux actes, fait avec MM. Scribe et de Courcy. Perrin était venu me le demander. En directeur intelligent, il m'attachait à ses intérêts, et à la même époque il sollicitait un engagement de ma fille pour son théâtre, à la suite du succès qu'elle avait obtenu dans *Joanita*. *La Lettre au bon Dieu* vint après le *Marco Spada* d'Auber. Ma mauvaise chance habituelle comme compositeur s'en mêlant, *la Lettre au bon Dieu* fut donnée pour la première fois à l'occasion d'une grande fête de charité. Ces jours-là, le public paye les places très cher et vient plus pour la fête que pour ce qu'il entend. Le succès de curiosité fut d'ailleurs pour madame Volnys, qui arrivait de Russie, et joua avec les acteurs du Théâtre-Français une pièce en trois actes de Scribe. Mon pauvre petit opéra vint après! Commencé à onze heures du soir, l'ouvrage finit à une heure du matin, devant un auditoire inattentif, distrait par la salle.

La représentation en elle-même fut bonne, mais froide. Le lendemain, les nombreux adversaires que je comptais dans la presse (Fiorentino, qui n'était pas encore réduit au silence et tant d'autres), tombèrent à bras raccourcis sur l'œuvre et sur l'auteur. On avait déjà décidé qu'ayant été ténor heureux, je ne serais jamais compositeur : on me le fit sentir par toutes les critiques possibles.

Ce que voyant, et bien que le public, étranger à ces coteries, m'encourageât par de fréquents applaudissements, après cinq représentations je retirai la pièce sans même songer, tant j'étais exaspéré, à consulter mes collaborateurs. L'un d'eux en fut fort mécontent, comme le prouve la lettre suivante de M. Scribe :

« Ce 9 mai 1853.

« Mon cher Duprez, je viens de parler à M. Frédéric de Courcy de votre idée de publier des morceaux de *la Lettre au bon Dieu*, avec les paroles; je suis fâché de vous dire qu'il s'y oppose formellement et qu'il est même très blessé que vous ayez pris le parti, sans le consulter, de retirer la pièce, qui n'était pas seulement votre propriété, mais la sienne. Je ne vous ai rien dit de tout cela l'autre jour quand je vous ai rencontré, parce que le mal était fait et je ne voulais pas ajouter un chagrin de plus à celui que vous éprouviez; mais il aurait le droit, —

je ne vous parle pas des miens, auxquels je renoncerai toujours pour vous et pour la reconnaissance que je dois à votre aimable et charmante fille, — mais M. Frédéric de Courcy aurait le droit de vous demander des dommages et intérêts, pour avoir, sans son autorisation, arrêté les représentations de la pièce, et sans même l'en avoir prévenu, ce qui est sans exemple dans toutes les collaborations connues jusqu'à ce jour.

» Croyez, mon cher Duprez, à tous les regrets que j'éprouve en vous écrivant cette lettre et veuillez, etc.

» E. SCRIBE. »

Dans le courant de la même année, j'inaugurai la salle des séances de mon école spéciale de chant, rue Turgot, par un petit opéra écrit tout exprès. Le sujet, choisi par moi et traité fort joliment par mon frère, était une aventure supposée d'un de mes devanciers à l'Opéra, le fameux Jéliotte, ténor à la mode en 1760. Deux de mes amis, artistes charmants et aimés des Parisiens, Roger et Mocker, furent, avec ma fille, deux de mes élèves et moi, les interprètes de cette composition légère.

Quand on invite chez soi, pour une audition, deux cent cinquante ou trois cents personnes, on peut être assuré d'en avoir au moins les trois quarts pour critiques; cependant *Jéliotte* fut très goûté, et, chaque fois que depuis je l'ai fait exécuter dans ma salle, il a toujours été très applaudi. Ce qui n'empêcha point Fiorentino d'en dire du mal; mais qu'en savait-il, lui, qui n'était point convié à cette petite fête?

J'écrivis ensuite, sur le sujet biblique de Samson, un oratorio en deux parties. J'avais choisi cette forme de l'oratorio qui n'exige pas de mise en scène, précisément parce que je voyais qu'il ne me serait jamais possible de me faire jouer sur un théâtre; mais d'après les conseils d'Alexandre Dumas, je le convertis en opéra en y ajoutant deux parties, qui devinrent, comme le reste, des actes. Notre spirituel écrivain aida même mon frère, auteur des premières paroles, à développer son sujet en forme de pièce, et devint de la sorte mon collaborateur.

Cet opéra de *Samson* a été, je dois le dire, mon œuvre chérie, celle où j'ai mis le plus, de mon cœur, de mon esprit, de mon temps, de moi-même enfin. J'y réalisai de plus une idée qui m'appartient et que je crois bonne; je la livre à mes lecteurs. La voici :

On en conviendra, le grand opéra, tel qu'on l'a compris de temps immémorial, n'est pas toujours amusant ; une très petite partie du public, même du public intelligent, du public initié, supporte sans lassitude les quatre ou cinq actes de longue haleine dont se compose ce genre de spectacle. Or, remarquons-le bien, plus l'action dramatique est développée, compliquée, moins l'assistance échappe à l'impression de fatigue que nous signalons. Que faut-il en conclure? Que la musique se prête mal aux subtilités de l'intrigue théâtrale; que, pour être saisi par son charme, l'esprit doit être dispensé de tout travail; que, par conséquent, pour l'allier efficacement à un sujet dramatique, ce sujet doit être simple en lui-même et simplement présenté.

Un opéra n'est pas une comédie, ce n'est pas non plus un cours d'histoire; le *pourquoi* et le *parce que* des faits qu'on y représente importent très peu à ceux qui viennent l'entendre; suivre un raisonnement ou une idée philosophique à travers la musique est une tâche fatigante; aussi, la presque totalité des spectateurs s'en abstient-elle, pressée d'arriver aux points culminants qui doivent fournir un aliment à son besoin d'émotions. Tout ce qui n'est pas essentiel à l'action, dans cet ordre de choses, y devient donc nuisible; tout ce qui ne l'accélère pas l'entrave. *Facta et non verba*, telle doit être sa devise.

Supprimer l'encombrement des détails, les enchaînements d'une situation à une

autre, les scènes explicatives qui le plus
souvent n'expliquent rien ; en un mot, con-
denser, si je puis m'exprimer ainsi, le sujet,
le réduire à sa plus simple expression, le
présenter, non plus en *actes* entraînant de
longs développements, mais en *tableaux* où
ce qui doit pénétrer l'imagination frappe
vivement les sens : tel est le plan que je
propose et que j'ai réalisé dans *Samson*. Il
serait d'autant plus applicable dans la
pratique que la plupart des faits historiques
(ou réputés tels), qui sont toujours les plus
goûtés du public et les plus justement
recherchés des compositeurs, s'y prêtent
merveilleusement. Nous en trouverons la
preuve dans ceux-là mêmes qu'ont traités
le plus fréquemment ou avec le plus de
bonheur nos grands maîtres ; en examinant
les opéras historiques, nous verrons les
traits les plus saillants s'en détacher pour
ainsi dire d'eux-mêmes, prêts à se former
en *tableaux* tels que je les entends, et nous
remarquerons que ce sont toujours ces

mêmes traits qui commandent l'intérêt du public, se fixent dans sa mémoire et à ses yeux constituent, en quelque sorte, toute la pièce. En voulons-nous un exemple? Prenons, je suppose, *Guillaume Tell;* nous y aurons :

Au premier acte :

La fête des pasteurs . . . . . 1er tableau.

Au deuxième acte :

Les amours d'Arnold . . . . . 2e tableau.
La conjuration . . . . 3e tableau.

Au troisième acte :

La scène de la pomme . . . . . 4e tableau.

Au quatrième acte :

Le châtiment de Gessler . . . . 5e tableau.

Choisissons-nous un autre exemple? *Othello* nous fournira :

Au premier acte (1re scène) :

Le triomphe d'Othello à Venise . 1er tableau.

Au deuxième acte :

Son amour, sa jalousie, sa fureur. 2e tableau.

Au troisième acte :

La mélancolie et la mort de Des-
démone . . . . 3e tableau.

En appliquant ce système à d'autres sujets du même genre, une histoire de *Marie Stuart* nous présenterait :

Ses amours avec Rizzio et la
mort de ce favori. . . . . . 1er tableau.
Son jugement . . . . 2e tableau.
Sa mort . . . . 3e tableau.

Un Masaniello :

La conjuration . . . . 1er tableau.
Le triomphe de Masaniello . . 2e tableau.
Sa folie, — le Vésuve . . . . . 3e tableau.

Et ainsi de suite [1].

C'est, du reste, un peu la manière dont les Italiens entendent l'exposition de leurs opéras ; ils évitent autant que possible les détails pour arriver plus tôt aux morceaux

---

1. Il est bien entendu que nous parlons ici non des morceaux de chant qui impressionnent plus ou moins agréablement l'auditoire, mais des scènes qui peuvent frapper l'imagination du spectateur sans exiger d'explications.

à effet de la pièce; aussi leurs œuvres sont-elles en général moins fatigantes que nos grands spectacles lyriques. Le public y gagne, nous l'avons vu; le compositeur, qui n'est point obligé d'user son inspiration sur des dessins d'orchestre sans intérêt, y gagne également, du moins peut-on le supposer.

Quoi qu'il en soit, c'est d'après cette méthode que j'ai écrit mon *Samson*.

Le premier tableau représente Gaza, où a lieu la première rencontre de Samson et de Dalila; — le second est à Sorec : l'on y voit la séduction de Samson et la trahison de sa maîtresse; — au troisième, Samson vaincu tourne la meule des Philistins; — le quatrième se termine par l'écroulement du temple de Dagon.

Je n'ai pas besoin de dire que ces nombreux décors ne figurèrent point aux auditions successives que je donnai des principaux fragments de mon ouvrage. Néanmoins, montées sous le rapport artistique avec un soin peu ordinaire, elles

furent toutes fort belles; la première surtout eut un véritable caractère de solennité.

Madame Viardot, ma fille, M. Puget en
étaient les principaux interprètes; un public
d'élite, composé de ce qu'il y avait de
distingué ou d'éminent aux titres les plus
divers dans la société parisienne, des artistes,
des hommes de lettres, d'illustres représentants de l'armée, des membres du Sénat,
des députés, des ministres, des femmes du
plus grand monde, y assistaient. Seul le
directeur de l'Opéra, M. Crosnier, n'avait
pas daigné se rendre à mon invitation.

Le succès de cette exécution devant ce
brillant auditoire fut tel que je ne l'aurais
jamais imaginé; il est impossible de dire
l'effet que produisit madame Viardot dans
le personnage de Méhala, mère de Samson.
La grande artiste y déploya tout son talent
chaleureux et grandiose; elle fut admirable.
Quant au ténor Puget, c'est à l'issue de ce
spectacle qu'il fut engagé à l'Opéra.

Je l'avoue, l'espérance m'était venue

qu'après un pareil essai mon œuvre serait prise à ce théâtre, où pendant douze ans j'avais renouvelé, soutenu, créé un répertoire; il n'était peut-être pas une des personnes qui assistaient à l'audition dont ce ne fût également la pensée. Tout rempli de cette illusion, je me présentai quelques jours après chez M. Fould, ministre des beaux arts, qui me reçut fort bien et commença par me féliciter chaleureusement sur la musique qu'il avait entendue. « Je ne me connais pas, il est vrai, en musique, ajouta-t-il; mais tout le monde dit que c'est fort beau. » Je le priai alors de vouloir bien faire recevoir *Samson* par la direction de l'Opéra. Aussitôt, il changea de langage: C'était impossible, je devais le comprendre; l'Opéra était réservé aux grands compositeurs en renom; d'ailleurs, à lui tout seul, le décor de la fin coûterait plus de cent mille francs, ce serait une dépense exorbitante, etc., etc... Je tâchai de dissimuler la cruelle déception que me causa ce langage : « Monsieur le ministre, répondis-je seulement, je regrette d'être Français! si j'étais Italien ou Allemand, vous seriez trop heureux d'accepter l'œuvre que je vous présente. »

Cependant l'observation de M. Fould sur la dépense qu'occasionnerait le tableau de la chute du temple m'ayant fait réfléchir, je fis retoucher le poème en adaptant les mêmes situations et presque les mêmes paroles à un fait de l'histoire des croisades qui offrait une grande analogie avec notre sujet primitif. Sous cette nouvelle forme et sous le titre de *Zéphora*, la partition fut communiquée à M. Gevaërt, directeur du Conservatoire de Bruxelles, par l'intermédiaire d'une tierce personne et sans nom d'auteur, dans l'année 1869.

Voici la réponse adressée à ce sujet par M. Gevaërt à M. de Beyens, qui avait bien voulu se charger de cette affaire :

« Mon cher Beyens,

» Pardon d'avoir tardé si longtemps à vous donner mon avis sur la partition que vous avez bien voulu me soumettre. J'ai tenu à la lire d'un bout à l'autre avant de me prononcer. A présent j'ai achevé cet examen, et mon opinion est formée... C'est une œuvre musicale très remarquable, écrite avec un soin et une conscience extraordinaires. Les mélodies sont toujours distinguées, l'harmonie a de l'originalité, et le sentiment scénique fait rarement défaut. Parmi les morceaux qui m'ont le plus frappé, je citerai, etc., etc. . . . .

» Je regrette de ne pas avoir lu la partition d'orchestre; mais je suppose qu'un compositeur capable d'écrire cinq actes de cette force doit avoir des connaissances approfondies en fait d'instrumentation. Voilà mon avis motivé, au moins tel que je puis le formuler à la hâte,... etc., etc.

» F.-A. GEVAERT.

» 4 mars 1869. »

13.

Samson fut traduit en italien et en allemand. Ne pouvant le faire exécuter à Paris,
je tentai ailleurs l'aventure; j'en donnai,
au mois de septembre 1857, une audition
sérieuse à Berlin. Je trouvai dans cette ville
ce que je n'aurais sans doute pu obtenir à
Paris, une cinquantaine de personnes appartenant à la meilleure société qui, à ma
première demande, se prêtèrent à l'exécution de la partie chorale de l'œuvre. Je
rappelai tout ce que j'avais appris d'allemand
autrefois pour diriger moi-même mes répétitions; mais il paraît que, si je prononçais
facilement, en revanche, je n'étais pas très
fort sur la partie grammaticale de la langue;
car, en dépit de tous mes efforts, mes phrases
avaient des tournures extravagantes et in-
compréhensibles; si bien qu'une des dames
qui voulaient bien faire partie des chœurs
finit par me dire avec quelque accent, mais
en très bon français: « Oh! monsieur Duprez,
si cela vous était égal de nous parler français, nous comprendrions bien mieux! »

Cette séance fut fort belle et me rapporta beaucoup d'honneur, mais ce fut tout. Lorsque je revins à Paris et que je parlai de cela à Meyerbeer : « Dans ces grands centres de musique, me répondit-il, c'est toujours la même chose ; ils se ressemblent par la difficulté qu'on a d'arriver à quoi que ce soit, que l'on appartienne au pays ou qu'on y soit étranger. Combien de fois, avant que j'aie pris le dessus, a-t-on fait tomber de mes ouvrages à Berlin ! »

XII

Dernières mésaventures. — Une mauvaise idée. — Accidents de la première représentation de *Jeanne d'Arc*. — Décoration. — *Jugement dernier*. — Pourquoi j'ai composé de la musique. — Proverbe de Néron.

Au nombre de mes élèves, il y avait une jeune fille douée d'une voix ordinaire et d'une mauvaise santé, mais d'un beau physique et de beaucoup de talent. J'écrivis pour elle quelques tableaux de la vie de Jeanne d'Arc et les fis exécuter chez moi. L'effet qu'ils produisirent m'ayant donné un vif désir de les faire entendre sur une véritable scène, je m'adressai à M. Carvalho, directeur du Théâtre-Lyrique. M Carvalho me fit les plus belles promesses ; mais je ne lui servis guère que comme un contre-poids qu'il opposait aux prétentions d'Hector Berlioz, dont il était sur le point de jouer les *Troyens*, Voyant cela, je renonçai au Théâtre-Lyrique et présentai ma *Jeanne d'Arc* à Alphonse Royer qui dirigeait à ce moment l'Opéra ; j'en fus parfaitement accueilli et concevais déjà un sérieux espoir, lorsque Alphonse Royer fut remplacé par M. Perrin.

Dans cette occurrence j'eus recours à M. Camille Doucet, directeur des beaux-arts, lui dis quelles étaient les dispositions de M. Royer à mon égard et ajoutai que j'espérais bien qu'elles me seraient continuées par son successeur, si lui, M. Doucet, voulait m'appuyer de sa recommandation. M. Doucet me répondit que la chose ne se pouvait, parce que l'Opéra venait de commander une *Jeanne d'Arc* à M. Mermet.

Alors, je dois l'avouer, le dépit m'aveugla et m'inspira une des plus fâcheuses idées que j'aie eues de ma vie. Je pus croire (j'ai

payé cher cette erreur !) que loin de l'Opéra,
loin du centre de tout mouvement, dans un
quartier excentrique, je pourrais attirer le
public parisien si attaché à ses habitudes !
Je trouvai, dans les alentours de la gare de
Lyon, un local fort laid et mal agencé, décoré
du titre de théâtre ; je m'entendis avec le
directeur de ce lieu, homme aussi inconnu
que les *artistes* soumis à son administration,
pour monter *Jeanne d'Arc*. Il se chargea de
la partie matérielle ; moi, de la partie artistique. J'engageai mes sujets : Mesdemoiselles
Brunetti et Arnaud, MM. du Waast, Aubert,
Engel, Henry, élèves de mon école, M. Gas-
pard, actuellement à l'Opéra, et nous
entrâmes en répétitions. Jusque-là tout mar-
chait bien, malgré les difficultés immenses
inséparables d'une telle entreprise; la répétition générale, qui eut lieu devant douze
ou quinze cents personnes, fut superbe. Ce
fut pendant cette période que je reçus la croix
de chevalier de la Légion d'honneur, non
comme professeur, — puisque, n'appartenant

pas au Conservatoire, ce titre chez moi
n'avait rien d'officiel, — mais comme *compositeur*. M. Camille Doucet m'en communiqua
la première nouvelle, et quelques jours après
me donna l'accolade de réception (août 1865).
Cette nomination, à laquelle je ne m'atten-
dais aucunement, compensa quelque peu le
chagrin qui m'était réservé pour la première
représentation de ma *Jeanne d'Arc*. Ce soir-
là (octobre 1865), j'étais à peine arrivé,
tout plein d'espoir, à mon théâtre, que mademoiselle Brunetti, ma première chanteuse,
me fit appeler dans sa loge. Elle avait mal
à la gorge, me dit-elle, et désirait que l'on
fît une annonce. A une première représentation, c'était impossible !.. Je tâchai de le
lui faire comprendre et la réconfortai de
mon mieux, non sans être moi-même fort
inquiet sur le tour qu'allaient prendre les
choses.

Le premier tableau, dans lequel mademoiselle Brunetti tenait le rôle principal,
fut accueilli à la satisfaction générale. Bien-

tôt la toile se lève pour le second acte, le
ténor et la basse sont en scène, on les
applaudit vivement, le succès semble s'ac-
centuer... La chanteuse reparaît... Elle ou-
vre la bouche, fait signe qu'elle ne peut plus
chanter et se retire !.. Quel coup pour une
pièce à sa première représentation! Quelle
secousse pour les malheureux auteurs qui
depuis tant de temps attendaient cette première !.. Je n'ai pas besoin de dire le tumulte
qui se fit, les réclamations, les cris, les rail-
leries, qui surgirent de toute part. Au milieu
de ce désordre, le directeur paraît ; ne son-
geant qu'à sa recette qu'il voulait garder, il
supplie le public, dans un langage inénar-
rable, de prendre patience; il demande la
permission de continuer le spectacle en
lisant le rôle de la *prima donna*. Les cris :
Faites comme vous pourrez !.. lui répondent.
On se remet à l'œuvre. Au bout d'un quart
d'heure, le chef d'orchestre, Maton, quitte
son pupitre et la représentation est arrêtée.
Il n'y avait pas autre chose à faire. Dans un

pareil quartier, à une lieue du centre, il n'eût pas été possible de trouver une artiste pour remplacer, même tant bien que mal, celle qui faisait défaut, et, confiant en mademoiselle Brunetti, je n'avais pas pris la précaution de faire apprendre le rôle par une doublure ! Force fut donc au public de s'en aller.

Voilà dans quelles conditions déplorables ce malheureux opéra vint au monde. Il fut repris, à la vérité, quinze jours plus tard et donné seize fois de suite, non sans succès ; mais il avait subi une de ces atteintes dont une pièce ne se relève pas.

Je payai mon personnel, le directeur ne paya ni les costumes, ni ses décors ; cela me suscita quelques procès que, heureusement, je gagnai. Cette entreprise me coûta une soixantaine de mille francs ; le double à peu près de ce que j'aurais dépensé si, comme un simple amateur, j'eusse fait les frais de mon ouvrage sur une des scènes de l'intérieur de Paris.

Aujourd'hui encore, sans avoir pu juger la pièce, sans examen de la partition, on porte à mon compte, dans les critiques qui me sont adressées, le fiasco de *Jeanne d'Arc.* Qu'il me soit permis de faire une simple réflexion : sur la première scène du monde, avec des éléments de premier ordre, un Rossini donne un *Guillaume Tell,* et la pièce tombe!... Je ne veux pas du tout me comparer au maître le plus grand, selon moi, de notre siècle ; mais croit-on qu'il aurait eu beaucoup plus de succès que moi, s'il eût fait représenter son chef-d'œuvre dans une baraque au pont d'Austerlitz, et que Mathilde eût déclaré qu'elle n'avait pas la force de chanter son duo? Allons donc! Il n'y a eu là qu'une immense maladresse commise. J'en ai assez porté la peine et je suis le premier à m'en accuser.

Jeanne d'Arc clôt la liste de mes infortunes théâtrales. Depuis lors, j'ai écrit, inspiré par le tableau de Michel-Ange, les paroles et la musique d'un oratorio sur le

Jugement dernier. On l'a joué plusieurs fois dans le courant de l'hiver 18..., au Cirque de l'Impératrice. En 1845, j'avais publié, sous le titre de *l'Art du Chant*, une méthode dans laquelle je résumais les principes de cet art par moi pratiqués pendant vingt-quatre ans ; j'y ai adjoint, en 1874, un complément que j'ai intitulé *la Mélodie*. Enfin, j'ai publié en 1876 un recueil de motets et morceaux d'église, souvenir des études de mon enfance au Pensionnat royal de musique religieuse.

Comme on peut en juger par ce chapitre et par celui qui précède, le démon de la composition qui s'était emparé de moi à douze ans ne m'avait jamais quitté depuis. En aucun temps ma réputation de chanteur ne m'a fait renoncer à celle que je croyais pouvoir mériter comme compositeur, et lorsque prématurément je cessai de chanter, émettre mes propres idées musicales devint chez moi au contraire un véritable besoin. D'ailleurs, je me faisais à ce sujet un raisonnement que je persiste à ne pas croire dépourvu de justesse : il n'est pas d'ouvrage dont j'aie été l'interprète qui n'ait gardé la tradition de ce que j'y ai mis, l'empreinte de ma personnalité ; c'est bien la preuve qu'il y eut en moi quelque chose de plus qu'un ténor, qu'un *gosier ;* en dehors de cela, j'ai étudié dès mon enfance la science musicale : donc, je dois savoir écrire ; je me sens de l'imagination, des idées : donc, je suis compositeur, et si le *gosier*, le ténor est fatigué, le compositeur, le musicien est en plein âge de vigueur et de force. Voilà ce que je répondrai aux nombreuses personnes qui, dans une intention même bienveillante, se sont étonnées que je continuasse d'écrire pour le théâtre après mes premiers déboires.

Quant à celles qui, animées de sentiments hostiles, m'ont constamment nié le droit de devenir auteur, d'interprète que j'avais été, sous le prétexte qu'un chanteur n'aura jamais que les idées d'autrui, et qui,

systématiquement, sont parties de là pour
rendre impossible la représentation de mes
œuvres, voici ce que j'aurais à leur répondre: Pourquoi, plus que le chanteur, l'in-
strumentiste, quel qu'il soit, aurait-il le droit
d'exécuter et de faire exécuter ses propres
inspirations? Lui conteste-t-on la connaissance approfondie des ressources de l'instrument qu'il joue? Nie-t-on que mieux que
n'importe qui il soit capable de les faire
valoir? Non pas; mais alors, pourquoi n'en
serait-il pas de même du chanteur? Il est
très beau d'être pianiste, ou de pincer de
la guitare comme feu Hector Berlioz; mais
croit-on qu'un homme qui, pendant vingt-
cinq ans de sa carrière, s'est trouvé à même
d'apprécier dans leur ensemble les œuvres
des grands maîtres, qui a vécu en contact
avec le public, en a senti et compris les
aspirations, ne soit pas tout aussi capable
de mettre en pratique l'expérience acquise
par cette étude de tous les instants; en un
mot, d'écrire dans cette partie dont il a,

ce me semble, plus que qui ce soit la connaissance?

Il m'est pénible d'avoir à défendre ici mes droits à composer, ou plutôt, mes capacités de compositeur; je ne le ferais certainement pas, si l'occasion m'avait été offerte de rendre dans des conditions normales le seul public juge de ces capacités; mais, hélas! cela ne m'est point possible, j'en suis réduit à plaider moi-même la cause d'une musique que l'on ne connaît point; car je puis répéter au sujet de mes ouvrages le proverbe, familier à l'empereur Néron:

Occultæ musicæ nullum esse respectum.

XIII

Achat de propriété. — Inconvénient des rentes viagères. — Ma salle et mon école. — Création des *Noces de Figaro*. — Le rebut du Conservatoire. — Concerts à Valmondois. — Je deviens magistrat public. — *Fleuve du Tage* et *Asile Héréditaire*. — Enterrement d'Elleviou. — Mot d'un cocher. — Marionnettes Lyriques. — Folies Scudo et Jullien.

Lorsque Aguado mourut en 1842, le bruit se répandit que j'avais hérité de lui un grand hôtel entouré de jardins situé dans le haut de la rue Rochechouart, là où plus tard a été percée la rue Condorcet. La vérité est qu'au moment de partir pour l'Espagne, d'où il ne devait plus revenir, le marquis de las Marimas me mit en relations d'affaires avec le propriétaire de l'immeuble en question.

C'était un Espagnol de ses amis, vieux et valétudinaire, qui désirait se défaire de ses propriétés à Paris pour aller mourir plus doucement sous le ciel de l'Italie. Il ne demandait qu'une somme relativement modique, payée comptant, plus une assez forte rente viagère. L'affaire paraissait belle et l'eût été réellement si le brave homme n'eût mis à mourir infiniment plus de temps qu'on n'aurait pu le prévoir. Voyant la tournure que prenaient les choses je songeai à utiliser le vaste terrain à la tête duquel je me trouvais et me mis à bâtir; je bâtis même tellement que je faillis m'y ruiner. Enfin, ce fut là que je construisis ma salle de concerts, bien connue aujourd'hui du Paris musicien.

Ma fille était alors à l'Opéra-Comique, sa position était faite, rien ne devait plus m'obliger à m'éloigner de Paris. Tranquille de ce côté, je pus songer sérieusement à un projet que je roulais dans ma tête depuis bien longtemps. Jusque-là, j'avais eu des élèves: je voulus créer une École, je voulus joindre à l'enseignement vocal l'enseignement dramatique, rompre dès leurs premiers pas mes élèves à l'habitude des planches, bien persuadé que c'est en forgeant qu'on devient forgeron, et qu'en fait d'art rien ne vaut l'expérience que donne une constante pratique. Mais l'exécution de ce projet, par moi tant caressé, rencontra une vive opposition de la part de ma famille et de mes amis. Ils craignaient que cette entreprise coûteuse et hasardeuse ne réussît point; c'eût été m'exposer au ridicule; ils me disaient que j'en avais assez fait, ils me conseillaient de m'en tenir là. Ce n'était nullement mon avis, le repos ne convenait pas à ma nature active; je n'écoutai donc pas plus les remontrances des miens que les prophéties railleuses et décevantes de mes adversaires, prétendant que je me trompais de beaucoup, si je comptais sur l'argent des élèves à venir pour rentrer dans mes frais. Malgré tout, je tins bon et le temps ne m'a pas donné tort.

Il serait long d'énumérer la pépinière

d'artistes qui sont sortis de mon école: pour en citer seulement quelques-uns de ceux qu'on a entendus à Paris, c'est dans cette salle de la rue Condorcet que se sont formés les ténors Sylva, Engel, les barytons Agnesi, Morlet, mesdemoiselles Masson, Battu, naguère à l'Opéra, Singelée, Marimon, Heilbron, de l'Opéra-Comique et du Théâtre-Lyrique, les deux sœurs Devriès, et la dernière étoile des Italiens, mademoiselle Albani.

On a déjà vu l'inauguration de ma salle par la représentation de *Jéliotte* avec le concours de deux artistes de mes amis. J'y instituai par la suite des séances hebdomadaires pour habituer les jeunes gens dont je faisais l'éducation à s'exercer devant le public sans préjudice des concerts de bienfaisance et autres où figuraient, avec mes élèves du moment, les anciens élèves déjà lancés et connus qui revenaient toujours au bercail.

A l'une de ces occasions, madame Carvalho et ma fille chantèrent le duo des

Nozze di Figaro, de Mozart « Sull'Aria, etc. ».
L'effet de ce ravissant morceau fut indescriptible, on le bissa, on ne se lassait pas
de l'applaudir. Il est vrai que Meyerbeer,
qui était présent, déclara ne l'avoir jamais
entendu exécuter avec autant de charme et
de style. Carvalho était là aussi, il ne connaissait sans doute pas l'œuvre de Mozart,
car il vint me demander si ce duo était
extrait d'un opéra. Sur ma réponse affirma-
tive, il fit traduire *le Nozze* en français
et les monta à son théâtre avec madame Carvalho, Caroline Duprez et madame Ugalde
pour interprètes. Le succès qu'obtint cette
création n'est pas encore oublié, ce fut une
véritable bonne fortune pour le public parisien.

Une autre fois, dans un concert que je
donnai à la salle Herz au bénéfice des
anciens élèves besoigneux de l'école Choron,
je fis exécuter par dix *soprani* à l'unisson
l'*Inflammatus* du Stabat de Rossini. Ces dix
jeunes filles, choisies parmi l'élite de ma

maison, chantant avec des talents de solis-
tes et dans un ensemble parfait cette pièce
de musique si enlevante, produisirent un
effet extraordinaire; la salle Herz faillit
crouler sous les applaudissements. Le lendemain, M. le ministre Fould fit appeler
Auber et se plaignit vivement à lui de
ce qu'avec le rebut du Conservatoire,
(telle fut son expression), M. Duprez ac-
complissait des choses dont le Conservatoire
même n'avait pas seulement l'idée. Sans
vouloir corroborer les termes de M. Fould,
il est de fait que bien souvent j'ai reçu au
nombre de mes élèves des jeunes gens qui
n'avaient pu trouver place dans l'école du
gouvernement et qui ont fait ensuite d'excellentes carrières.

Ce ne fut pas uniquement à Paris que
j'eus le bonheur d'attirer du monde pour
entendre de la musique. J'avais, en 1848,
fait l'acquisition d'une jolie maison de
campagne aux abords du village de Valmondois. Dès l'année suivante j'organisai

au bénéfice des pauvres de la commune un
concert qui attira, en dépit de la distance,
une société choisie et éminemment parisienne. Encouragé par ce résultat, je
renouvelai la même chose tous les étés
jusqu'en 1869, et toujours avec le même
succès. Il est vrai que, pour l'obtenir, rien
n'était épargné dans la composition de mon
personnel artistique; outre mes élèves dont
quelques-uns, on a pu s'en convaincre,
n'étaient pas sans mérite, des artistes tels
que Mocker, Delle Sedie, Achard, Guey-
mard, Stolchausen ne dédaignaient pas
d'apporter leur concours à ces petites fêtes
de bienfaisance.

L'espace nous manquant à Valmondois
même, c'était au village voisin, l'Isle-
Adam, que nous donnions nos séances.
Une salle de danse villageoise à l'un des
bouts de laquelle on agençait une estrade,
pour le reste, meublée de bancs de bois et
de chaises de paille, tel était le lieu de ces
réunions, plus brillantes par les éléments

14.

artistiques et par la composition de l'assistance que bien des concerts pompeusement donnés dans les plus élégantes salles de la capitale.

Les fenêtres de cet humble local, où se rassemblaient deux cent cinquante ou trois cents personnes, restant ouvertes, le public du dehors se faisait aussi nombreux que celui du dedans, et les arbres qui l'entouraient se peuplaient de jeunes et joyeux auditeurs, souvent eux-mêmes bénéficiaires de l'œuvre.

Presque toujours, les amis qui me prêtaient leur concours venaient loger chez moi deux ou trois jours à l'avance ; on se rendait au village en voiture, tous ensemble. Quelle gaieté tout le long de la route ! et à cette table qui nous réunissait vingt ou vingt-cinq sous les arbres de Valmondois ! Que de plaisanteries ! que de bons rires ! que de joyeux moments passés !...

En 1853, il fut question de me nommer maire de ma commune, où j'avais déjà la

qualité de conseiller municipal. D'abord,
cela m'effraya un peu : moi qui ai toujours
eu tant de peine à administrer ma propre
personne, être chargé de l'administration
d'une population de quatre cents âmes, cela
ne laissait pas que d'être grave ! Je commençai par me récuser. Mais les autorités supérieures, notamment M. d'Auribeau, notre
sous-préfet, revinrent à la charge d'une
manière si pressante que je me laissai faire.
Ce qui contribua peut-être le plus à me
convaincre, ce fut une lettre adressée à
M. d'Auribeau par le juge de paix du can-
ton. Elle me frappa, parce que c'est bien la
lettre d'un homme d'esprit et je la cite
pour la même raison. D'ailleurs, elle est trop
flatteuse pour moi, pour que je n'éprouve
quelque plaisir à la faire lire. Elle était
ainsi conçue :

« Monsieur le Sous-Préfet,

» *Victrix causa Diis placuit, sed victa Catoni.*
M. de P... vient de donner sa démission : les

principes sont sauvés, la France aussi. Je vous propose pour le remplacer M. Duprez, membre du conseil municipal. Ce n'est qu'un grand artiste, il n'a pas cent mille livres de rente ; mais il a l'intelligence élevée, le cœur chaud, généreux ; sa bourse, son talent, sont depuis six ans à la disposition des pauvres de Valmondois et des environs. Sous la Restauration, Elleviou, retiré de l'Opéra-Comique, fut maire de Fourvière, près Lyon : il y a entre ces deux artistes la différence d'entre « Fleuve du Tage » et « Asile héréditaire ». Les habitants de Valmondois verraient, j'en suis sûr, avec reconnaissance la nomination de M. Duprez comme maire de leur commune.

» Veuillez recevoir, etc., etc. »

Il y avait quelques années déjà, lorsque cette lettre fut écrite, que l'aimable chanteur de « Fleuve du Tage » n'était plus de ce monde. Par une singulière particularité, je n'ai eu de rapports avec cet artiste, comme

jadis avec Garat, qu'à l'occasion de ses fu-
nérailles. J'étais alors de mode à l'Opéra;
c'est sans doute à ce titre que la famille
d'Elleviou m'invita au service funèbre de
l'ancien ténor, car je ne le connaissais nullement. Je me fis un devoir de me rendre à
cette invitation. A l'heure indiquée je me
trouvai à Saint-Roch où se célébrait le service. Persuadé que l'enterrement d'un
chanteur ne pouvait se faire sans musique,
j'entrai par la petite porte de la sacristie,
croyant retrouver dans le chœur quelques
musiciens de ma connaissance. Ma surprise
fut grande de n'y voir, autour d'un immense
catafalque, que chaises vides et pupitres
nus ; le seul maître de chapelle, Masson,
un de mes amis, à son poste. Il m'expliqua
alors que, depuis sa retraite du théâtre, Elleviou avait complètement rompu avec tout
le monde artistique, sauf Martin, son vieux
camarade, chez lequel il était venu mourir.
Les artistes sont généralement rancuniers,
ils en avaient voulu très fort à l'ancien

chanteur de l'Opéra-Comique de ce dédain qu'il affectait à leur égard ; bref, pas un des musiciens convoqués pour la cérémonie funèbre n'avait répondu à l'appel.

Quoique je comprisse jusqu'à un certain point ces suceptibilités, j'aurais cru peu convenable de m'y conformer dans une telle circonstance. « Il n'est pas possible, dis-je à Masson, de laisser un ténor s'en aller comme cela ! As-tu là quelque chose que je puisse chanter ? — J'ai un offertoire de Monpou, me dit-il. — Eh bien ! donne-le. » Au moment venu, je chantai au grand étonnement de la famille du défunt qui m'en a su le plus grand gré.

Le nom d'Elleviou, ou plutôt celui de son ami Martin avec lequel, dans leur carrière à l'Opéra-Comique, il partagea ses succès, me rappelle une anecdote dont le Frontin qui a laissé son nom à l'emploi par lui si bien tenu pendant près de trente ans fut le héros.

Martin possédait un organe des plus étendus et des plus flatteurs, dont il était assez fier. Son faible était peut-être de rechercher les compliments à ce sujet. Étant un jour en cabriolet dans les rues de Paris, il voit un passant traverser étourdiment la rue, au risque de se faire écraser par la voiture.

« Heup! » crie-t-il d'une voix sonore. Le cocher se tourne vivement vers lui. « Oh! monsieur, quel beau *heup*, fait-il du ton d'une admiration sincère. Ah! sapristi, si j'avais cette voix-là!... — Eh bien, qu'est-ce que vous en feriez? demanda, avec un sourire, Martin, se croyant déjà reconnu par son automédon. — Ce que j'en ferais, monsieur?.. Eh! parbleu, je serais le premier cocher de la place!... » Martin mourut en 1836.

Mais revenons au moment où je fus revêtu de l'écharpe tricolore et investi du droit de marier devant les hommes nos braves paysans.

Je n'ai pas encore parlé d'une création dont je fus l'auteur et qui obtint dans son temps une certaine notoriété; elle date, du reste, à peu près de cette époque. Ce ne fut rien moins qu'un théâtre; oui, un théâtre et même un opéra; seulement un opéra en miniature dont les acteurs lilliputiens ne mesuraient pas un pied de haut, bref, ce fut un guignol lyrique et dramatique. Je l'inventai pour le plaisir de mes enfants, qui plus tard s'en emparèrent et me surpassèrent dans cet exercice; mon fils Léon, surtout, armé de dix longs doigts, maniait merveilleusement ces grotesques figures qu'on appelle des marionnettes.

Trois planches et un rideau composèrent tout l'édifice qui fut construit à la maison; mais nous avions un certain luxe de décors : un cimetière pour le dernier acte de *la Favorite*, un palais, un jardin. . . . .

Mon ami Le Carpentier, qui avait un goût décidé pour la peinture décorative, nous aida de son talent et embellit de figures extraordinaires la devanture de notre théâtre portatif, où nous représentâmes des scènes entières de *Robert*, de *la Favorite*, de *Giralda*, etc., etc., rendues d'autant plus bouffonnes par le contraste des tournures et du jeu cocasse des *pupazzi*, avec la musique exécutée le plus sérieusement du monde par mes enfants ou par moi.

Je ne parlerais pas de cette folie si, comme je l'ai dit tout à l'heure, elle n'avait acquis alors une certaine notoriété. Les marionnettes lyriques avaient eu chez moi un tel succès de fou rire, que M. Crémieux, avec qui j'étais lié, nous demanda d'en donner une séance chez lui; nous y consentîmes pour lui être agréables; une autre fois, nous transportâmes notre guignol chez M. Pereire. L'amusement qu'en prirent les spectateurs fut si grand qu'on en parla même aux Tuileries. L'empereur désira voir cette curiosité, si bien que nous fûmes priés de donner une représentation devant la cour impériale. Elle eut lieu dans le salon d'Apollon, la veille du départ du malheureux archiduc Maximilien d'Autriche et de l'archiduchesse Charlotte pour le

Mexique. Le comte Bacciocchi me déclara
que jamais on ne s'était tant amusé à la
cour; il est de fait que ce fut quelque chose
d'extraordinaire. Parmi tous ces grands
personnages, dont quelques-uns fort graves,
le nonce du pape, entre autres, toute espèce
de sérieux ou de dignité disparut... On se
roulait, on se tenait les côtes.

Le lendemain, un de nos amis, Edgar
H..., camarade de mon fils, alla reprendre
nos petits acteurs de bois et leur théâtre.
C'était lui aussi qui les avait portés et la
valetaille du palais, le voyant arriver dans
un fiacre avec ces bibelots peu élégants,
l'avait reçu avec un dédain suprême; mais,
cette fois, ce fut bien différent, on le saluait
jusqu'à terre. Voilà l'histoire des grandeurs
humaines.

Après ce succès insensé, mainte fois il
fut offert à mes enfants des sommes folles
pour faire voir leur guignol dans de riches
salons du faubourg Saint-Germain; mais il
n'entrait pas dans leurs vues de devenir

montreurs de marionnettes, c'était bon pour
une fois.

Toute ma vie j'ai conservé le caractère
assez jovial et l'esprit passablement porté à
la bouffonnerie ; aussi, s'est-on toujours
beaucoup diverti chez moi, soit à Paris,
soit à la campagne. Malheureusement, tous
ceux de mes souvenirs qui se rattachent à
cette époque ne sont pas également gais.
Quand on a passé la première période de
la vie, on commence à voir tomber autour
de soi les amis des années de jeunesse ; j'en
fis la douloureuse expérience. Sans parler
des personnes de ma propre famille, dont
l'existence ne fut nullement publique, je vis
mourir, entre mil huit cent soixante et mil
huit cent soixante-dix, deux hommes dont
j'ai déjà fait mention au commencement et
dans le courant de ce livre. Ce furent mon excellent camarade d'enfance, Le Carpentier et
P. Scudo. La fin de ce dernier fut précédée de
telles circonstances, que je ne crois pas sans
intérêt de rapporter ici ce que j'en ai connu.

Je l'avais invité à passer quelques jours
à Valmondois. Nous partîmes ensemble de
Paris par le chemin de fer. En route je fus
surpris des idées saugrenues qu'il émettait
et du décousu de sa conversation. Au milieu
d'une foule de discours sur une chose et
sur une autre, il me déclara que le violoniste
Panofka était le plus grand maître de chant
de Paris, puis, bien qu'il parlât lui-même
avec une extrême volubilité, qu'il était très
dangereux de parler en chemin de fer, et
une foule de propos de ce genre. Que l'on
juge de mon étonnement.

Enfin, nous arrivons à la campagne où
ma famille s'empresse pour recevoir notre
vieil ami. On se met à table ; on sert le poisson. Le mari de ma fille aînée, qui est doué
d'un organe puissant, se prend à dire : « Voilà
un poisson magnifique !... » Scudo le regarde
d'un air choqué, et au bout d'un moment
nous demande la permission de se retirer.
Nous le croyons pris d'un malaise quelconque et le laissons faire, mais le dîner se

passant sans qu'il revienne, je m'en vais à
sa recherche.

Je le trouve dans le jardin auprès du bassin,
gesticulant et marchant à grands pas, et
lorsque je m'informe de ce qui l'empêche
de dîner : « Mon cher, me dit-il, je te remercie,
je n'ai pas faim et puis... on parle trop
haut à table. Cela ne doit pas se faire ! Dans
la bonne compagnie, voici comment on se
parle. » Et, se penchant sur mon épaule, il me
chuchota dans le creux de l'oreille je ne sais
quelles phrases désordonnées auxquelles je
ne compris rien. Je le regardai avec stupeur,
il me parut évident qu'il avait perdu la raison ; cependant je parvins à force d'instances
à le ramener à table et il y resta jusqu'à la
fin du dîner, le repas y perdit seulement
quelque peu de sa gaieté.

Dans la soirée, il nous tint encore quelques
propos extravagants, avant d'aller se coucher.
Le lendemain matin, descendant de bonne
heure au jardin, j'y trouvai l'infortuné
Scudo en chemise, se plaignant de violents

maux de tête. Il m'était impossible de le garder à la campagne dans cet état, je lui proposai de le ramener à Paris; il accepta avec empressement. Trois jours après, je reçus de lui une lettre d'excuses sur la manière dont il s'était conduit et cinq ou six jours plus tard il n'était plus de ce monde.

Scudo avait du discernement et du goût; mais une vanité excessive gâtait ses bonnes qualités. Il est même très probable qu'elle fut la cause première du dérangement de sa raison. Se croyant le premier, le seul juge en fait d'arts, il n'admettait pas que l'on soutînt une autre opinion que la sienne, et en général la sienne était de critiquer tout ce que faisaient les vivants au profit de ce qu'avaient fait les morts. Les seuls trépassés obtenaient grâce devant lui. Il est vrai qu'il est facile de louer des œuvres dont tout un siècle a proclamé la supériorité, on ne s'expose du moins pas à commettre d'erreur. C'est ce qu'entendait Dietsch lorsqu'il disait ironiquement à Scudo: «Tu es courageux, toi, tu oses dire du bien de Mozart! »

Notre commun ami Nicou Choron (élève et gendre du maître, dont il reprit le nom), joua un tour usité, je crois, dans toute école artistique de n'importe quel genre, et auquel cependant celui à qui il s'adresse se laisse toujours prendre.

Il composa une messe qui fut chantée à la Madeleine. J'étais de l'exécution. Il y intercala un offertoire écrit dans un style un peu différent du reste de l'œuvre qu'il donna pour un morceau d'un ancien maître italien. Scudo, dans son feuilleton, traita avec indulgence la messe en général; mais il se répandit sur l'offertoire en éloges infinis, que du reste ce morceau, d'une fort belle facture, méritait.

Il en reparla ensuite à Nicou: « C'est superbe, lui dit-il. — Bah, dit son ami ; il est de moi. » Scudo s'emporta. « Comment c'est de toi? pourquoi ne l'as-tu pas dit? On ne trompe pas les gens comme cela! » Il aurait dû se rappeler ce que nous avions fait à Choron, jadis, pour la musique de Rossini.

Il me souvient que Berlioz et quelques élèves de sa classe au Conservatoire, dont mon ami Le Carpentier, tendirent le même piège à Lesueur, leur maître, qui avait aussi le tort d'admirer les classiques aux dépens des vivants.

La folie de Scudo me rappelle celle d'un homme qui, dans son temps, c'est-à-dire il y a vingt-cinq ans environ, jouissait d'une réputation dans le monde musical. Ce fut le chef d'orchestre Jullien qui eut le premier l'idée, reprise et exploitée depuis avec tant de profit par M. Pasdeloup. J'étais avec Jullien en fort bons termes, il me portait une admiration particulière qui dégénéra en manie lorsque sa raison commença à se troubler. Il aimait son art jusqu'au délire, ce fut toujours une tête exaltée. Quand nous nous rencontrions dans les rues de Paris, nous nous prenions par le collet pour nous demander mutuellement lequel

était le plus fou de nous deux? Hélas! il a
bien tristement prouvé que c'était lui.

Dans une soirée que je donnais, dans
l'hiver de soixante-quatre ou soixante-cinq,
il demanda qu'on lui apportât un peigne, et,
ayant placé une feuille de papier entre les
dents de cet instrument d'un nouveau genre,
il se mit à siffler dessus pour faire danser,
et il faut avouer qu'il obtenait ainsi des
effets extraordinaires. Cela venait après une
conversation fort véhémente sur la musique,
dans laquelle il s'était monté à une exaltation
inconcevable.

C'était un samedi. Le lendemain dimanche, je fus éveillé par les sons délicieux
d'une petite flûte jouée sous ma fenêtre, dans
la cour, avec un talent peu commun. Au
même instant mon domestique vint me prévenir que « le monsieur » de la veille était
là qui m'attendait. Je me hâtai d'aller à lui.
Quelle ne fut pas ma stupéfaction de voir
Jullien, dès qu'il m'aperçut, se mettre à
genoux d'un air égaré en m'appelant: « Dieu

de la musique », puis continuer ainsi son
aubade ! Je ne savais vraiment quelle contenance prendre. Enfin, je réussis à le rele-
ver et il me dit alors: « Ce n'est pas tout,
j'ai quelque chose à vous faire entendre .»
Là-dessus, il courut au fiacre qu'il avait
laissé stationner devant la grille, en sortit un
ballot de partitions manuscrites et, entrant
avec moi dans la salle de musique, il se
mit au piano, ouvrit un cahier à vingt-
quatre portées et commença à m'en donner
l'audition, sans s'inquiéter du frotteur qui
s'escrimait pendant ce temps-là sur le par-
quet de la salle.

Ma situation devenait embarrassante ; je
comprenais bien que Jullien avait perdu
l'esprit, et je ne savais ni comment le calmer,
ni même comment l'arrêter dans sa rage de
musique, sans risquer de lui causer une
exaspération peut-être funeste. Heureusement que le brave homme de frotteur, s'a-
percevant que quelque chose d'anormal se
passait, alla prévenir ma femme que j'étais

aux prises avec un insensé. Madame Duprez
descendit aussitôt, elle pria doucement Jullien
de remettre la partie à plus tard, sous
prétexte que j'étais attendu pour une affaire
pressée et réussit à le persuader. Il repartit
donc, emportant ses partitions, et rentra
chez lui.

Avec Jullien et sa femme demeurait une
jeune Anglaise, leur pupille, excellente
musicienne qui avait travaillé le chant avec
moi pendant quelque temps. Le chef d'orchestre se servait d'elle souvent pour exécuter ses œuvres et lui portait une grande
affection. Cette jeune fille se trouvait seule
au logis; Jullien monte à son appartement,
ferme la porte sur lui et lui dit d'un ton
décidé: « Kate, tu vas mourir, je veux te
tuer. » Heureusement pour la jeune artiste
qu'elle connaissait l'exaltation habituelle de
son tuteur, elle comprit du premier coup
que cet état avait dégénéré en aliénation
mentale et, avec un rare sang-froid, elle
répondit: « Par qui ferez-vous donc chanter

votre musique quand je serai morte? » Le
fou parut frappé de ce raisonnement; il
abandonna son projet homicide, prit Kate
par la main, la fit sortir et monter dans le
fiacre qui l'attendait à la porte et monta
lui-même sur le siège à côté du cocher;
puis il reprit sa petite flûte et se mit à en
jouer de toute la force de ses poumons,
s'interrompant de temps à autre pour avertir les passants que cette voiture contenait
un trésor et que mal en prendrait au témé-
raire qui se permettrait d'y toucher.

Un tout autre jour la police aurait mis
un terme à cette scène étrange; mais le
dimanche gras, on en voit bien d'autres
dans les rues de Paris; aussi personne ne
songeait à s'en émouvoir, le cocher lui-même
paraissait prendre tout cela pour une farce
de carnaval. Seule, la pauvre Kate connaissait le secret de cette triste plaisanterie
et se demandait avec inquiétude quel en
serait le dénouement.

Elle en fut toutefois quitte pour la peur;

après une longue promenade, Jullien la ramena chez lui ; mais l'état mental de ce malheureux ne s'améliora pas. Peu de jours après cette scène, nous apprîmes sa mort.

XIV

1870. — Hospitalité d'un ami des arts. — Deuils. — Conclusion.

La malheureuse année 1870 me trouva presque fixé à Valmondois ; les soins de la direction de mon école m'arrachaient seuls, trois fois par semaine, à ce charmant séjour où je comptais passer tranquillement le reste de mon existence. Hélas ! il n'en fut pas ainsi ! La guerre éclata ; bientôt, les lignes ennemies menacèrent d'investir notre pauvre capitale, il fallait songer à se mettre à l'abri, la campagne n'offrant déjà plus un asile sûr ; mais je ne rentrai pas à Paris, où

je fusse demeuré inutile. Je laissai l'école
entre les mains de mon fils et partis avec
madame Duprez pour Bruxelles.

L'encombrement était déjà grand dans
cette ville lorsque nous y arrivâmes. Une
foule de Français, fuyant comme nous le
théâtre de la guerre, s'étaient comme nous
réfugiés dans ce bon pays neutre où l'on
parle notre langue et dont les habitants
nous recevaient fraternellement ; il en résul-
tait que se trouver un gîte quelconque était
d'une difficulté extrême. Les hôtels, les
maisons garnies étaient littéralement bondés
de monde, et comme je n'avais alors dans
la ville aucune connaissance qui eût pu me
retenir et me meubler un appartement d'a-
vance, je me vis forcé de me mettre en
quête d'un abri pour le soir même et ne
tardai pas à me trouver fort embarrassé.

Nous avions parcouru sans résultat je ne
sais combien de rues, moi à pied, le nez en
l'air dans l'espoir d'apercevoir quelque
écriteau, madame Duprez me suivant avec

les bagages dans une voiture, lorsque vers le milieu de la rue Montagne de la Cour, ayant un instant abaissé mes regards vers des régions moins ambitieuses, je vis en face de moi un visage masculin qui m'adressa aussitôt le plus aimable des sourires. Je crus avoir affaire à quelque connaissance dès longtemps oubliée (cela m'arrive trop souvent), et, à tout hasard, je me mis à lui sourire de mon côté aussi gracieusement qu'il est en moi. Alors, le porteur du visage m'aborda : « Monsieur Duprez, n'est-ce pas ? » fit-il. Je m'inclinai : « Permettez-moi, monsieur, de vous demander ce qui donne à notre ville le bonheur de vous posséder ? — Hélas ! dis-je, intérieurement très flatté d'une question si gracieuse, j'y viens, comme tant d'autres, chercher l'hospitalité jusqu'à la fin de la guerre... Mais jusqu'ici cette hospitalité reste assez problématique ; car je suis encore sur le pavé. — Eh bien ! reprit l'inconnu, si vous le voulez bien, je vais m'associer à vos recherches, peut-être à deux aurons-nous plus de chance de découvrir quelque chose. » J'acceptai de grand cœur et nous nous mîmes en route.

Mais ce fut de nouveau en vain ; la soirée s'avançait sans que nous réussissions à autre chose qu'à nous fatiguer très fort, ce que voyant : « Monsieur Duprez, me dit mon ami inconnu, je crois que nous perdrons notre temps à chercher un logement aujourd'hui ; faisons donc mieux : je viens de faire préparer chez moi l'appartement de ma jeune fille qui est en pension à Berlin et que j'irai chercher seulement dans trois semaines ; si vous voulez l'occuper en attendant, cela vous permettra de vous préparer tout à votre aise une autre installation, et, quant à moi, je serai trop heureux de vous recevoir. » Une pareille proposition, si inattendue, m'alla au cœur ; mais bien qu'elle me fût faite sur le ton de la plus parfaite franchise, je me serais cru indiscret en acceptant un tel service d'un homme dont je ne savais seulement pas le nom. Je cherchai à la repousser, tout en protestant de ma reconnaissance pour son auteur; celui-ci se méprit sur le motif de mon refus : « Je comprends votre hésitation, fit-il, vous ne me connaissez pas ; mais informez-vous à qui vous voudrez, dans tout Bruxelles on pourra vous dire que M. Elkan, directeur du Graesham, est un homme auquel on peut se fier. »

En présence d'une insistance aussi généreuse, il n'y avait plus qu'à céder; c'est ce que je fis, et il s'en est suivi que j'ai passé les trois premières semaines de mon séjour en Belgique chez un hôte d'origine prussienne, mais aussi ami des Français que des artistes en général et que je m'honore de compter au nombre de mes amis.

Au bout de ces trois semaines, M. Elkan ramena sa fille et nous prîmes possession, ma femme et moi, d'un appartement que nous avions loué.

Là, je vis accourir nombre de jeunes gens qui venaient me demander des leçons. Cela me suggéra l'idée de créer un établissement dans le genre de mon école spéciale; c'était une contrefaçon comme une autre. Je pris même une ou deux pensionnaires, comme je l'avais fait mainte fois à Paris. Peut-être, entouré d'élèves, d'agréables relations, de nombreuses sympathies qui s'étaient manifestées autour de ma maison, me serais-je définitivement fixé dans la capitale de la Belgique, sans l'évènement fatal qui changea brusquement toute mon existence.

Le 27 février 1872, je vis s'éteindre la compagne de ma vie, après quarante-cinq ans de bonheur commun. Alors que rien ne faisait prévoir sa fin prochaine, elle fut atteinte d'une pneunomie et enlevée en quelques jours.

Dès lors, Bruxelles perdit à mes yeux tout son attrait. La paix était depuis long-temps rétablie à Paris; j'y revins. Toutefois, je n'y repris point mes travaux. La direction de l'école de chant, par moi créée dix-huit ans auparavant, passa aux mains de mon fils. Pour moi, attristé une seconde fois en 1876 par la perte de ma fille Caroline, je me suis retiré à Neuilly, afin d'être à portée de la capitale sans en supporter constamment le mouvement et le bruit. J'y vis tranquille, occupé de l'éducation particulière de quelques élèves qui me persuadent que je suis encore utile à quelque chose.

C'est au sein de cette retraite que, souvent abandonné à mes pensées, à mes souvenirs, j'ai pris et exécuté la résolution de les mettre en ordre et d'en livrer au public ce qui peut avoir une chance de l'intéresser. Si petite que soit aujourd'hui ma fortune, si modeste mon genre actuel d'existence, je suis heureux du sort qui m'a été fait ici-bas, et lorsque je jette mes regards en arrière, je bénis le ciel de m'avoir fait naître à une époque où il me fut possible, avec les dons qui m'étaient départis, de me créer un nom dont on veut bien se souvenir. Car, je le proclame bien haut, j'ai eu le bonheur d'arriver à mon temps ; au temps, veux-je dire, où le chanteur était à même d'*enter* ses qualités personnelles sur les œuvres des grands maîtres qui recherchaient la vérité dramatique dans la mélodie. Aujourd'hui, il faut en convenir, la chose n'est plus praticable. La musique dont j'ai été l'interprète, la musique des Rossini, des Halévy, des Donizetti, des Meyerbeer même, est démodée, dédaignée, rejetée bien loin par ceux qui prétendent surpasser ces grands modèles. Deux genres parfaitement opposés et extrêmes lui succèdent : l'un, que nous nous permettrons d'appeler *la musique cascadeuse*, guilleret coquet, parfois spirituel, malheureusement presque toujours trivial, et que nous mentionnons seulement pour mémoire; car il est plutôt le fait des comédiens que des chanteurs; — l'autre, que l'on a baptisé orgueilleusement du nom de *grande musique* et auquel nous maintiendrons ce titre, bien que nous le comprenions peu; car la première des grandeurs en fait d'art nous semble être la beauté. Remplie de sonorités

bruyantes, de formules harmoniques tour-
mentées et bizarres, dépourvue de la mélodie qu'elle évite, au contraire, comme une
vulgarité, elle annule le talent du chanteur
soliste qui vainement tenterait de s'y élever
au-dessus d'un des bassons ou de tel autre instrument de l'orchestre. Cet art nouveau, qui
ne s'adresse ni au cœur, ni à l'imagination,
et qui souvent blesse l'oreille, peut cependant être trouvé supportable dans la
symphonie ; mais, à coup sûr, il est aussi
désagréable que choquant au théâtre, qu'il
finira par tuer... à moins qu'il ne soit tué
par lui.

Je terminerai cette appréciation par un
mot de l'immortel maître dont les détrac-
teurs mêmes ne peuvent nier le génie, et
que lui-même m'a rapporté, la dernière fois
que je le vis :

L'auteur de *Guillaume Tell* se trouvait à
Paris en même temps que l'auteur du *Lo-
hengrin* ; celui-ci lui rendit visite. Les deux
compositeurs parlèrent de leur art, chacun,

bien entendu, d'après ses propres tendances; Rossini rappelait les gloires du passé; Wagner soutenait avec feu les nouvelles théories, l'art de l'avenir : « Allons, monsieur, dit le grand maëstro avec son fin persiflage habituel, je vois que vous vous faites le prophète d'une musique nouvelle... Je vous souhaite de n'en être pas le martyr !...

FIN

TABLE

IMPRIMERIE CENTRALE DES CHEMINS DE FER. — A. CHAIX ET C⁰,
RUE BERGÈRE, 20, A PARIS. — 24262-9.